COMO DIBUJAR
KAWAII

Aprende a dibujar más de 100
dibujos súper monos:
Animales, chibi, objetos, flores,
comida, criaturas mágicas y más

Como dibujar Anime
© 2020
Todos los derechos reservados

Ninguna parte de este libro puede reproducirse, almacenarse en un sistema de recuperación o transmitirse por ningún medio sin el permiso por escrito del autor y editor.

★ ★ ★ ★ ★

¡Gracias por adquirir nuestro libro!

Si estas disfrutándolo y lo encuentras útil en tu camino de aprender a dibujar, apreciaríamos enormemente una reseña en Amazon.

Solo dirígete a página de este libro en Amazon y dale clic a "Escribir una reseña".

Leemos cada una de ellas ¡Gracias!

★ ★ ★ ★ ★

CONTENIDO

Cómo Hacer Dibujos Kawaii 1
Personajes Kawaii 2
    Chibi 2
    Consejos Para Dibujar Chibi 6
        Variación De La Forma Del Ojo 7
        Expresiones Faciales 9
Personas Kawaii 10
    Versiones Chibi 10
Animales Kawaii 14
    Aves 28
    Criaturas Marinas 35
    Peces 35
    Pulpo 36
    Tortuga 37
    Tiburón 38
    Ballena 39
    Delfín 40
    Animales Altos 41
    Llama 41
    Jirafa 43
    Avestruz 45
Plantas Kawaii 47
    Hojas 47
    Flores 51
    Capullo De Rosa 51
    Rosa 52
    Margarita 53
    Tulipán 54
    Girasol 55
    Flor De Cerezo 56
    Plantas De Interiores 57

Criaturas Kawaii **61**
    Unicornio 61
    Sirenas 63
    Pegaso 65
    Hadas 67
    Dragón 69

Objetos Kawaii **71**
    Cosas De Chicos 71
    Cosas De Chicas 79
    Cosas De La Escuela 85
    Muebles 91
    Cosas De La Cocina 97
    Cosas Del Baño 103
    Artículos De Limpieza 109
    Artículos De La Playa 115
    Fitness Y Deporte 121
    Cosas De Viaje 127

Últimas Palabras **133**

CÓMO HACER DIBUJOS KAWAII

Kawaii es una palabra japonesa que significa lindo, adorable y tierno. Pero, principalmente es una traducción directa de la palabra lindo.

La cultura Kawaii es realmente muy amplia y popular.

¡Puedes encontrar Kawaii en casi cualquier cosa! En la ropa, juguetes, comida, animales e incluso objetos cotidianos que puedes encontrar dentro de tu hogar.

En sus comienzos, la palabra Kawaii tuvo período en el que significa "lamentable" y generalmente era utilizada para describir a las mujeres.

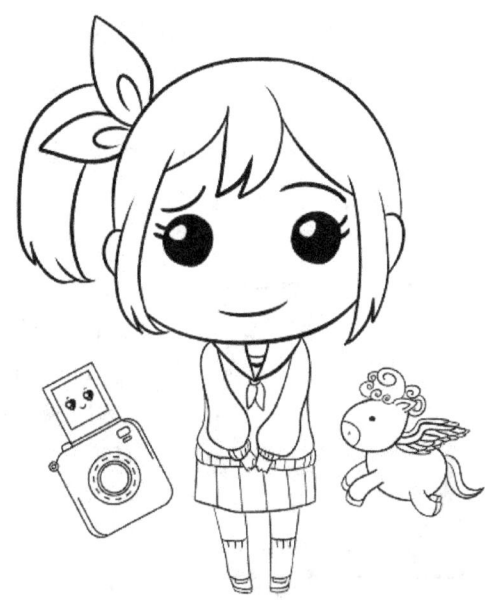

El auge de la cultura de lo lindo y tierno, comenzó en Japón durante la década de 1970 cuando la caligrafía linda aumentó su popularidad entre las adolescentes.

Las letras eran dibujadas grandes y redondeadas y le agregaron imágenes pequeñas como corazones, estrellas, personajes de dibujos animados y caras.

Más tarde, este estilo de escritura fue adoptado en revistas, empaques, cómics y luego en productos. La estética kawaii se hizo tan popular que se ha convertido en una subcultura que puede ser encontrada en todo Japón.

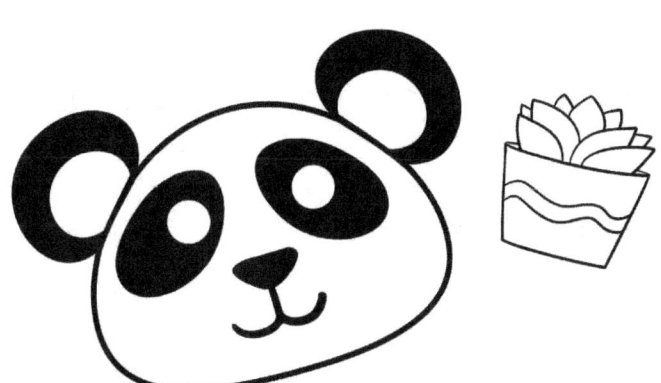

En estos tutoriales, veremos cómo convertir cualquier dibujo en Kawaii.

Así que toma tus lápices y ¡comencemos a dibujar!

PERSONAJES KAWAII
CHIBI

Chibi en japonés es una jerga que se usa para describir algo o alguien que es de estatura baja.

En el dibujo, Chibi es un estilo de caricatura conocido por la creación de personajes con cabeza de gran tamaño, con cuerpos bajos y extremidades cortas.

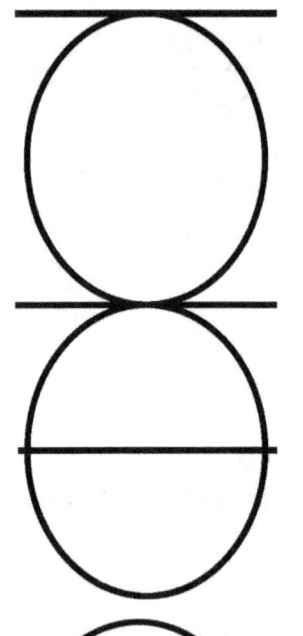

La proporción corporal para un personaje Chibi generalmente se mide en base al tamaño de 2 cabezas, en el que el tamaño de la cabeza depende de ti.

La primera cabeza, en relación a la medida, es la cabeza del personaje, mientras que la segunda cabeza es todo el cuerpo, incluyendo los brazos y las piernas del personaje.

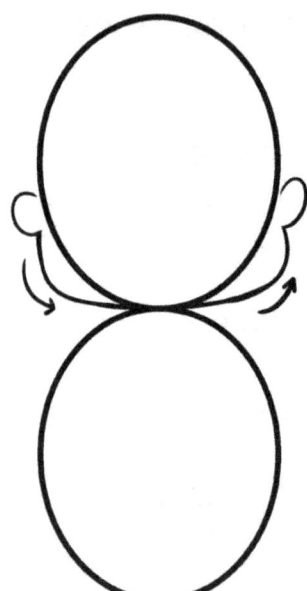

Comienza dibujando una línea curva que comienza en la mitad de la primera cabeza hacia abajo, esta será la mitad inferior de la cara de nuestra Chibi.

Las curvas más pequeñas a cada lado de la cara son las orejas, hazlas más grandes o más pequeñas para crear rasgos faciales únicos.

Recuerda que dibujar personajes Chibi requiere partes redondeadas del cuerpo.

Evita líneas afiladas y rectas al agregar características a tus personajes.

Agrega los ojos del Chibi dibujando un par de rectángulos redondeados con un par de cejas encima.

Puedes hacer que los ojos sean lo más simples posible, ¡incluso un simple par de círculos serán suficientes!

Las cejas juegan un papel importante en mostrar las emociones del personaje.

Asegúrate de jugar con las formas de las cejas para representar varios sentimientos.

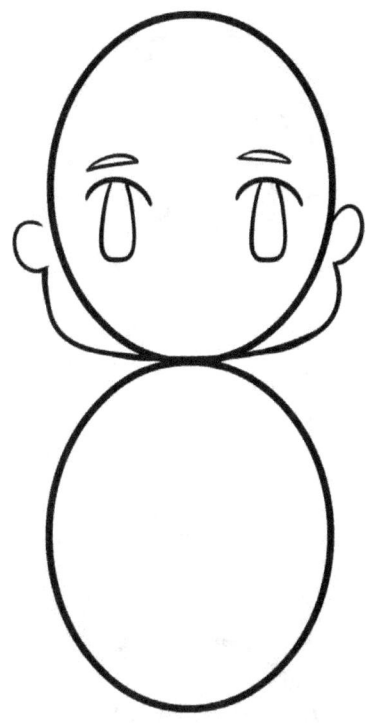

Agrega la boca de la Chibi. Al igual que las cejas, la boca del personaje que estamos dibujando, transmitirá las emociones.

Dibuja líneas simples para formar la boca y dar diversas emociones.

Dibuja el cabello del Chibi comenzando desde la parte superior de la primera cabeza hasta las orejas.

¡La clave para dibujar el cabello de los personajes Chibi es dibujarlo lo más sencillo posible!

Detalles como mechones de pelo, no son necesarios al dibujar personajes Chibi.

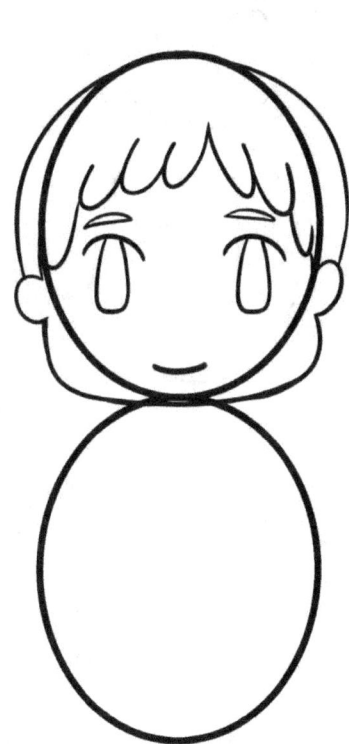

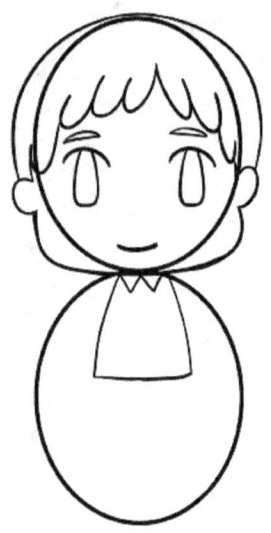

Dibuja el torso del Chibi agregando una forma simple comenzando desde el lado superior de la segunda cabeza hacia abajo.

Según tus preferencias, puedes hacer que el torso del Chibi sea más largo o más corto. Hacer un torso más corto hará que las piernas sean más largas y viceversa.

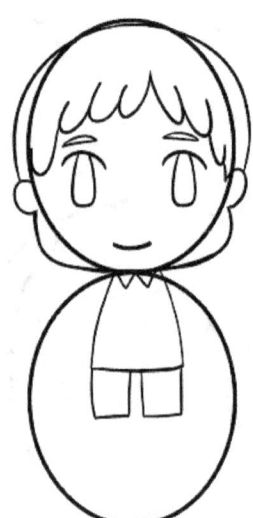

En el ejemplo, el personaje Chibi usará un par de pantalones cortos.

Agrega la prenda inferior desde el borde del torso hacia abajo.

Agrega un par de brazos a cada lado del torso. Dibuja las manos al final de cada brazo.

Recuerda que las partes del cuerpo y las características faciales no son muy detalladas al dibujar personajes Chibi.

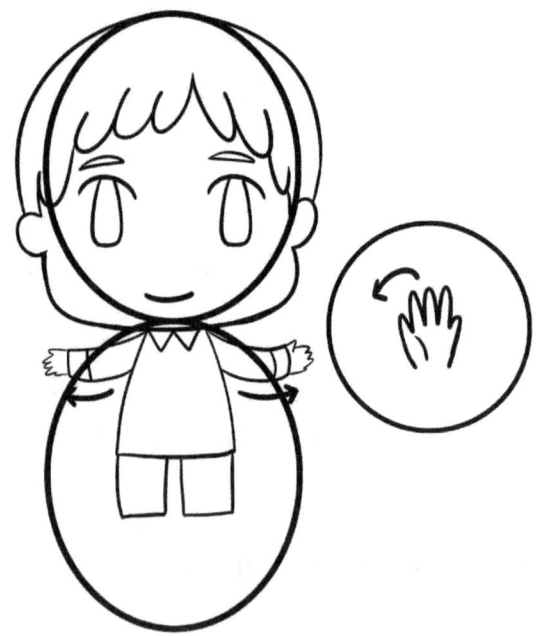

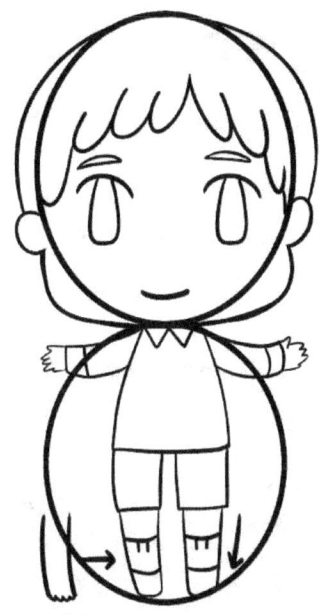

Agrega las piernas al final de la prenda inferior del personaje.

Si quieres que tu personaje use prendas inferiores largas como pantalones o leggigns, entonces dibuja como las piernas en el ejemplo.

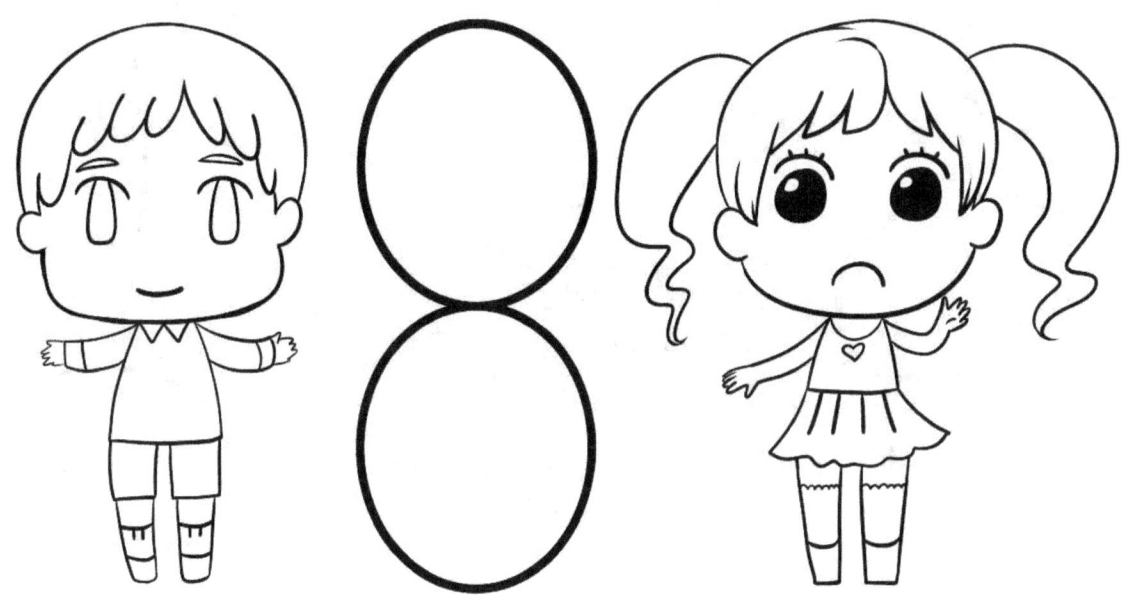

¡Y ya terminaste de dibujar a tu personaje Chibi!

Crea variaciones de sus peinados, rasgos faciales, expresiones y su ropa.

Lo más importante que debes recordar, es seguir la proporción del tamaño de dos cabezas al dibujar un Chibi.

PERSONAS KAWAII
CONSEJOS PARA DIBUJAR CHIBI

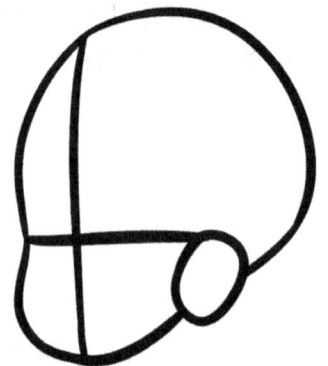

Dibujar la vista lateral de un Chibi, solo mostraría un lado de la cabeza y el cuerpo.

La misma proporción de tamaño de dos cabezas se aplica a la vista lateral.

Un consejo importante que debes recordar es dibujar la parte inferior del ojo y asegurarte de que el brazo y la pierna estén paralelos entre sí.

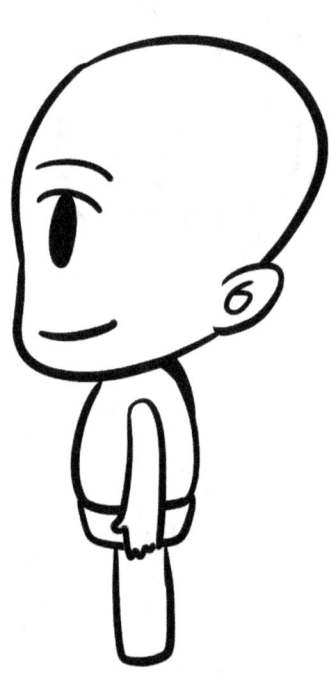

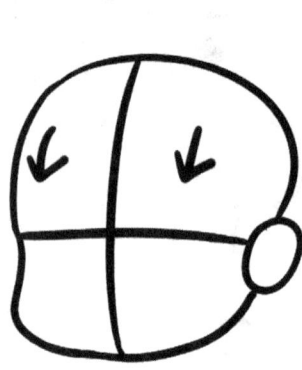

La vista de tres cuartos del personaje, se parece un poco a la vista frontal, pero una pequeña porción del cuerpo no es visible.

La misma proporción se aplica a esta vista.

Asegúrate de que los ojos del personaje sigan la ubicación según lo señalado por las puntas de flecha en el ejemplo, dibujarlos muy cerca o muy separados hará que el Chibi se vea extraño.

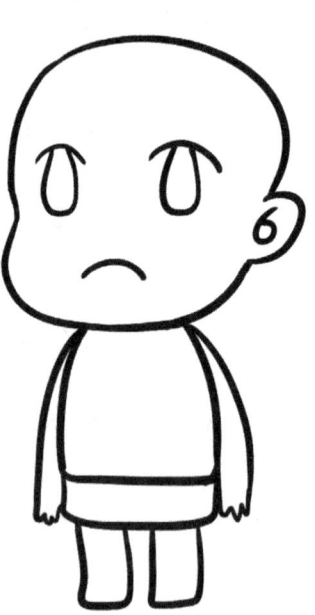

VARIACIÓN DE LA FORMA DEL OJO

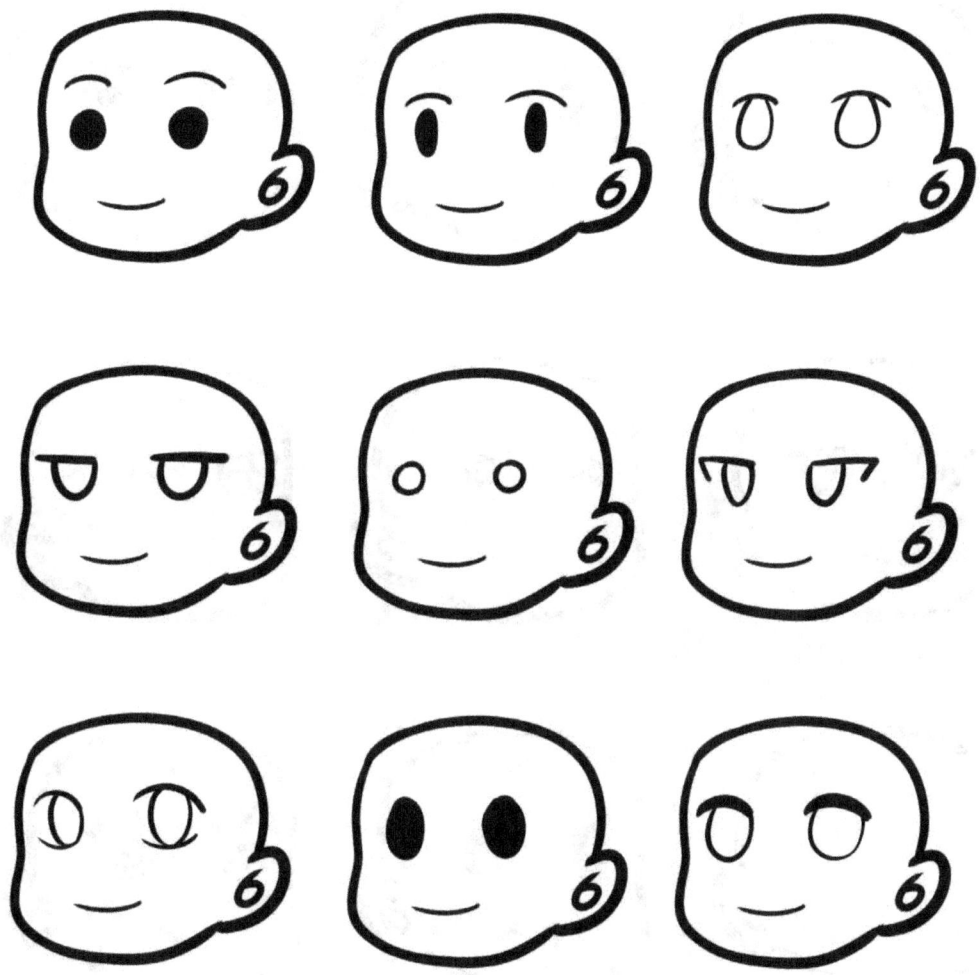

¡Aquí hay algunas variaciones en la forma de los ojos que pueden ayudarte a dibujar personajes Chibi más interesantes y únicos!

¡Recuerda que los ojos son muy importantes para mostrar la personalidad de tu personaje!

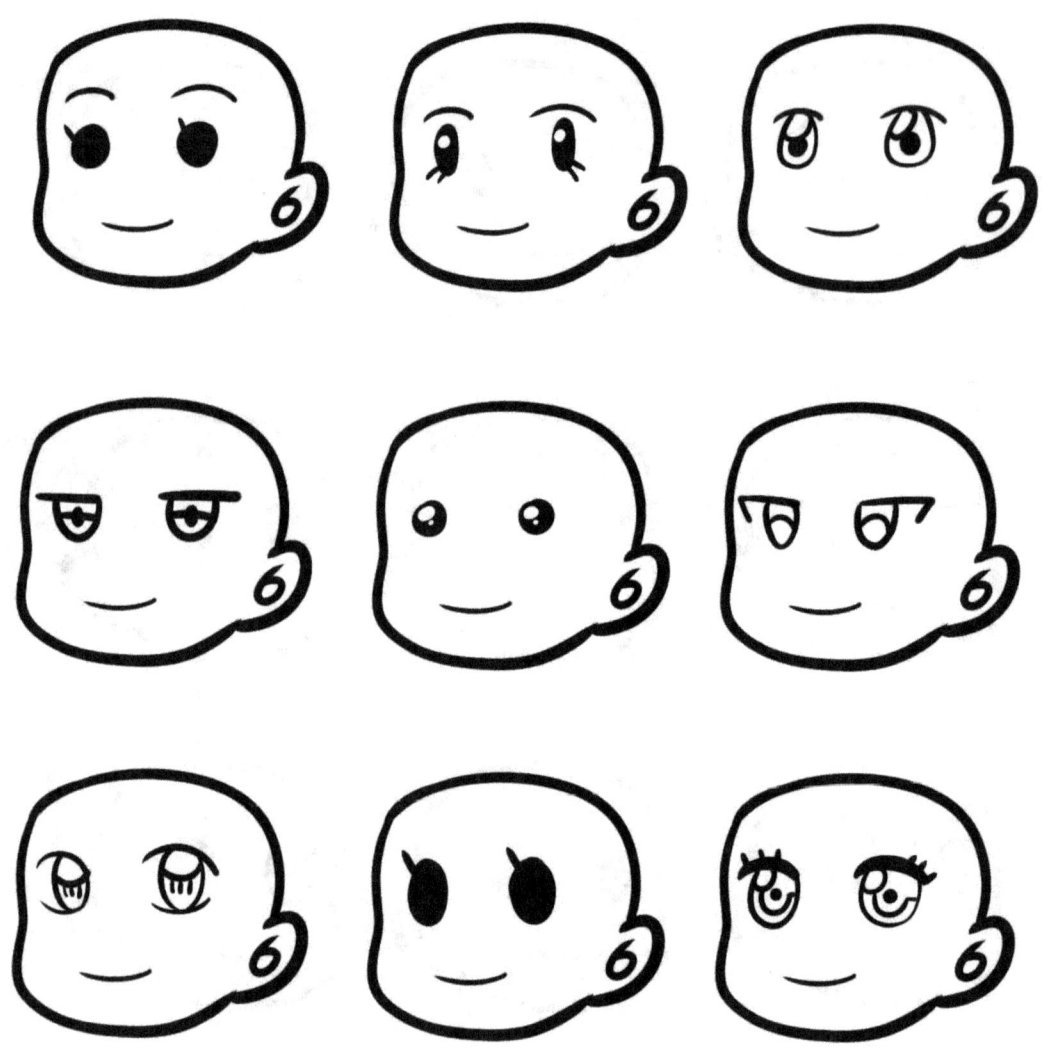

¡Agregar pequeños detalles en los ojos como pestañas, formas y destellos, esto hará que tu personaje sea único y tenga más vida!

Sé creativo y piensa en cómo las formas simples pueden darle vida a tu Chibi.

EXPRESIONES FACIALES

Ya que los personajes Chibi tienen las mismas características faciales que los personajes normales (¡excepto la nariz!), ¡Puedes mostrar una variedad de expresiones para enaltecer las emociones de tu Chibi!

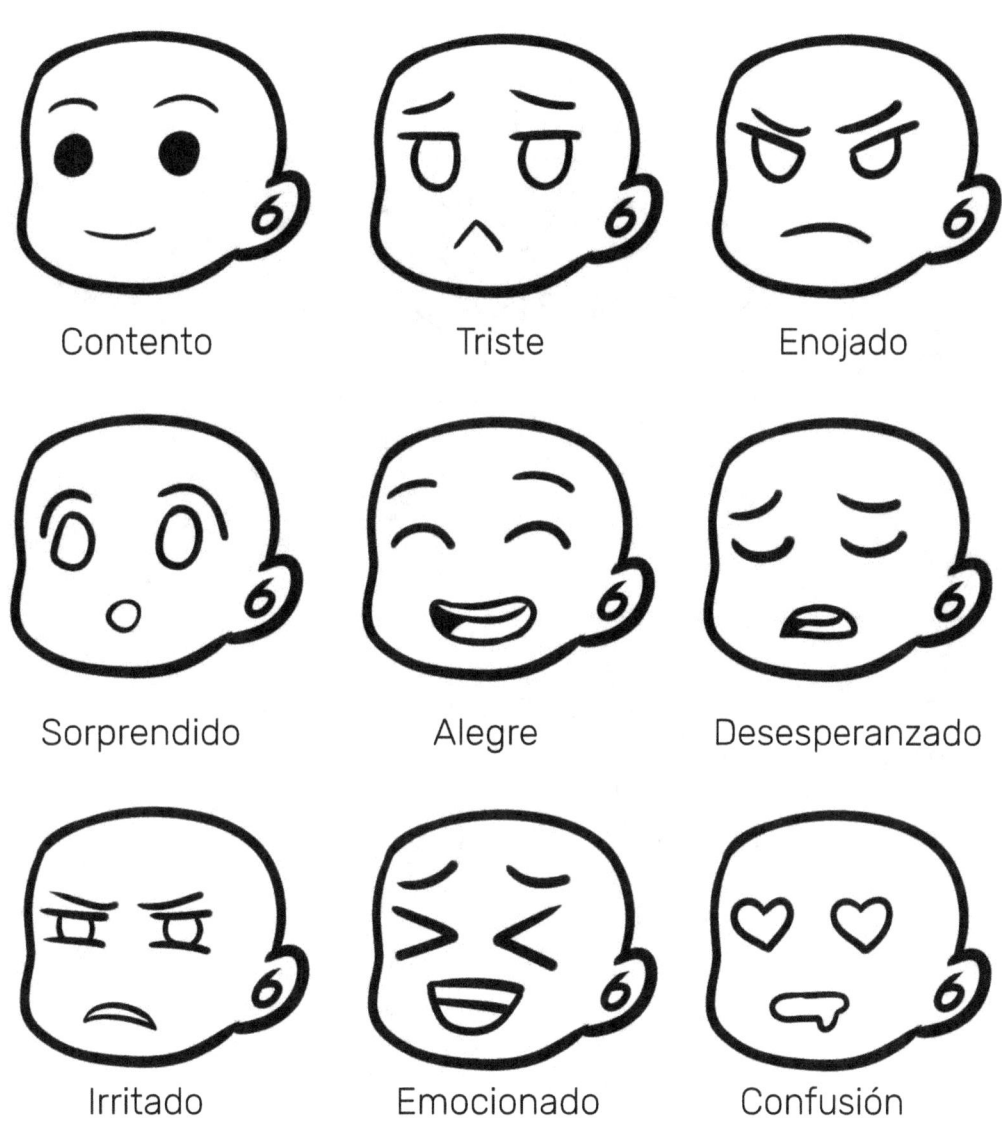

PERSONAS KAWAII
VERSIONES CHIBI

Ya que hemos cubierto los conceptos básicos para dibujar personajes Chibi, ahora es el momento de ver cómo se ven los personajes existentes ¡en estilo Chibi!

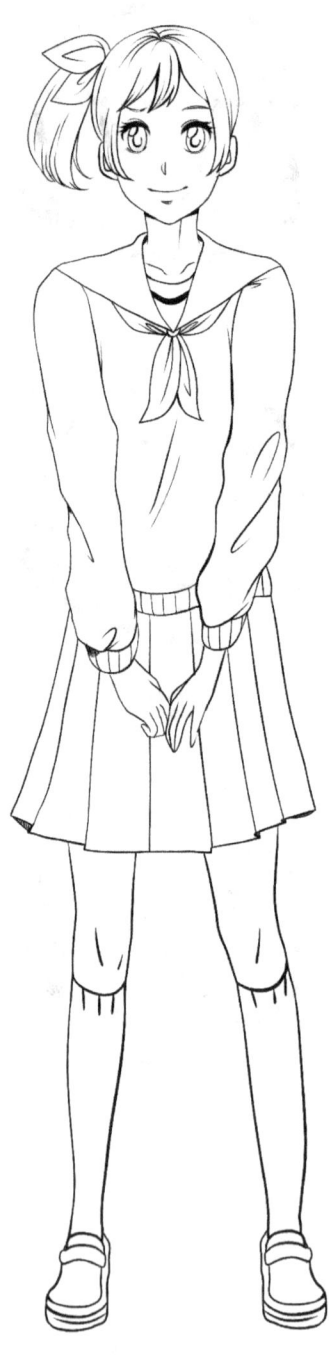

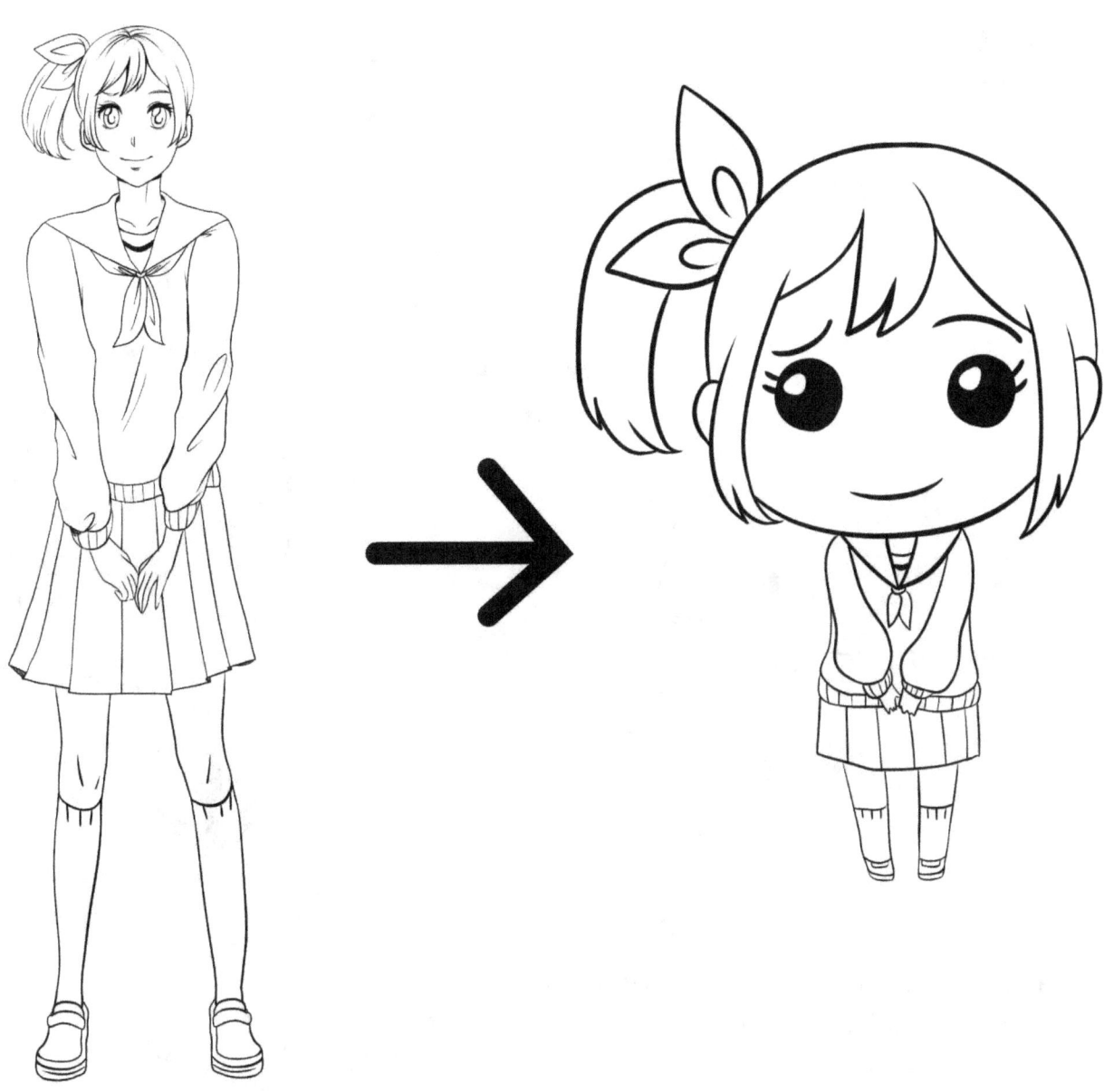

Toma nota de cómo se modificaron los detalles en el diseño del personaje Chibi:

Los detalles del mechón no estaban incluidos.
Los pliegues de la ropa tampoco estaban incluidos.
El suéter todavía se dibujaba para verse suelto en el personaje al agregar más curvas.
El diseño de los zapatos fue simplificado.

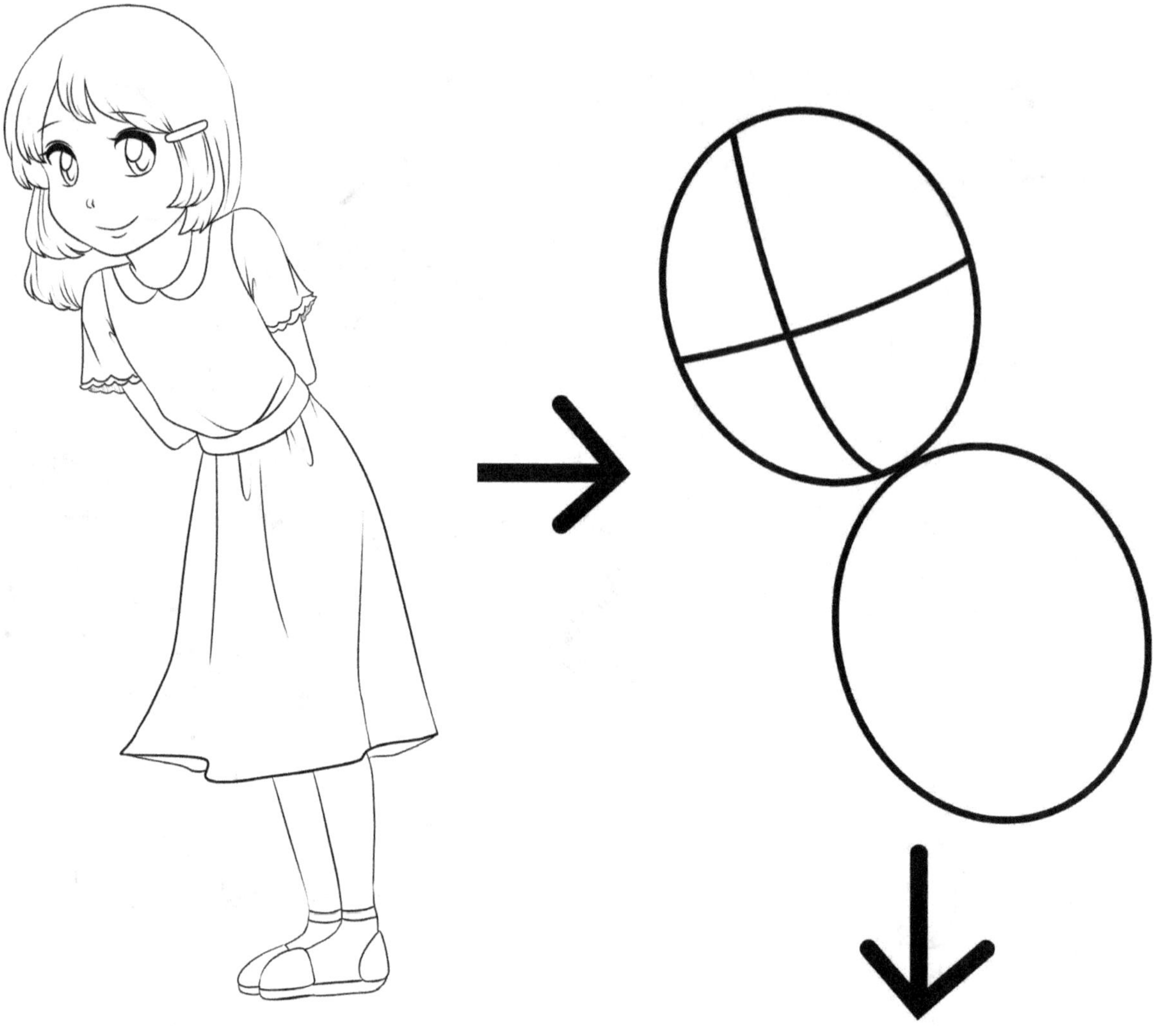

Al igual que el primer personaje que hicimos; simplifica los detalles del Chibi como el cabello y los pliegues.

Incluso si el personaje está de pie en una pose ¡asegúrate de seguir la proporción de dos cabezas!

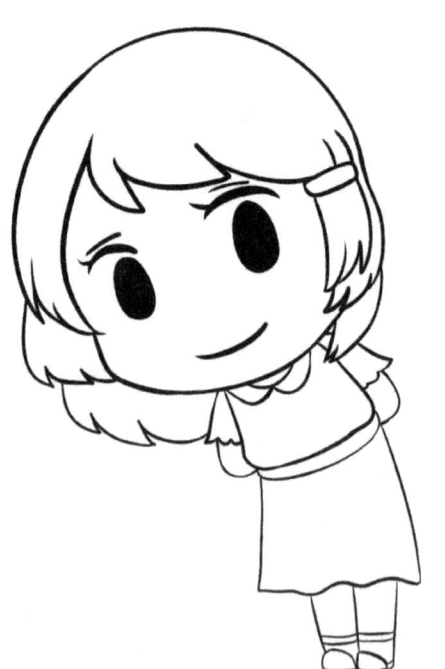

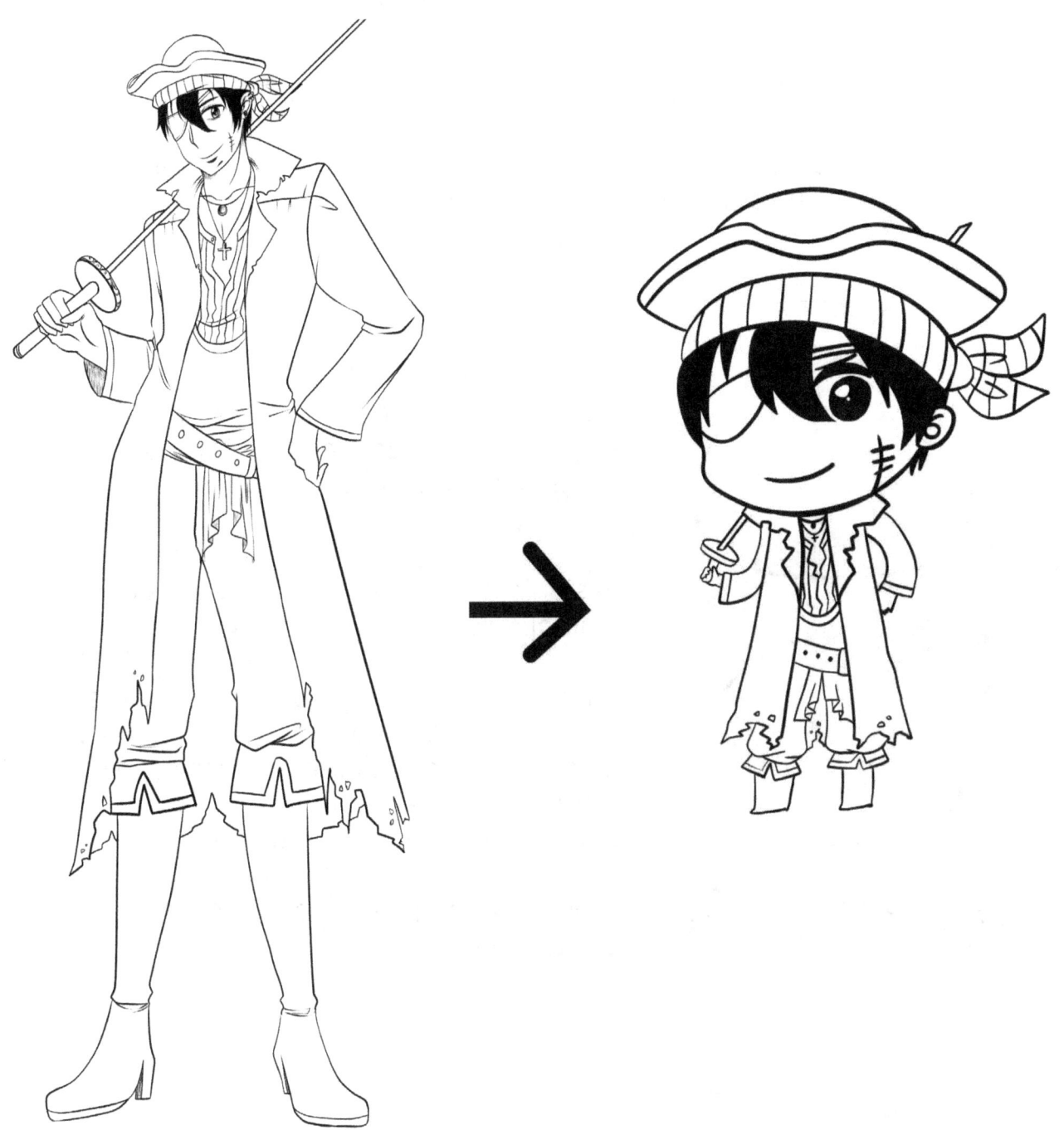

Para diseños con detalles un poco más complicados; piensa en cuales son los detalles más importantes y necesarios para mantener las características de tu personaje.

Como en este ejemplo, el pañuelo a rayas, los collares, el abrigo roto, las botas altas y el estoque se mantuvieron para que el personaje siga pareciendo un pirata.

ANIMALES KAWAII

¡Dibujar animales kawaii es muy sencillo!

Al igual que dibujar Chibis, el punto clave para hacer que los animales se vean lindos es asegurarse de que las características sean redondeadas y los detalles sencillos.

¡Comenzaremos dibujando simples cabezas de animales!

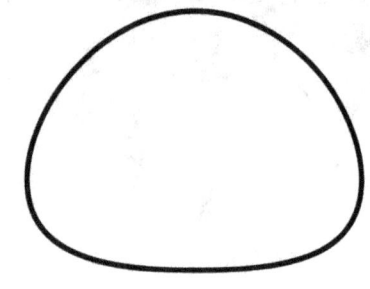

El primer paso es dibujar una forma con bordes redondeados. Esta forma básica se puede usar para varios animales, desde gatos hasta perros ¡e incluso pájaros!

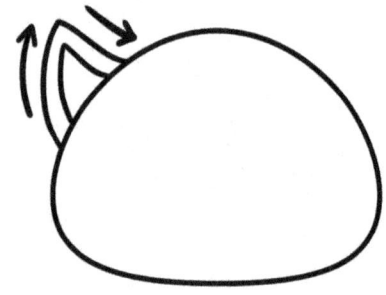

El siguiente paso es dibujar la oreja del animal.

Este ejemplo es un gato, así que las orejas son puntiagudas como triángulos. Varios animales tienen diferentes formas de orejas. Agrega una ligera curva al dibujar las orejas para que se vea más natural.

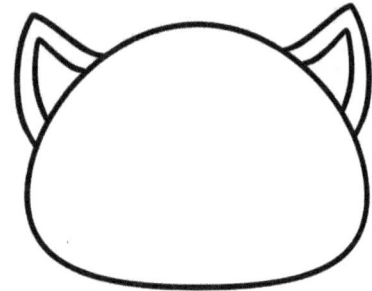

Dibuja otra oreja en el lado opuesto de la primera oreja.

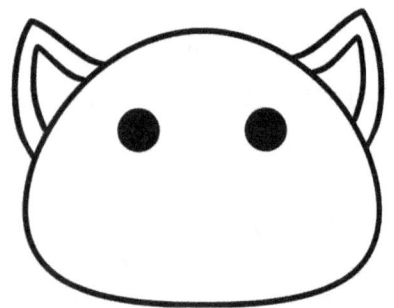

Agrega un par de ojos dibujando dos círculos ligeramente debajo de las orejas del gato. Puedes modificar la forma de los ojos como los de los Chibis.

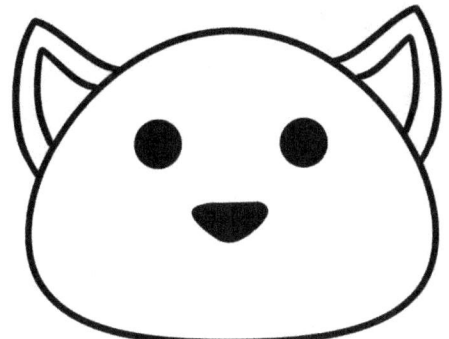

Dibuja una nariz con forma de triángulo invertido con bordes redondeados.

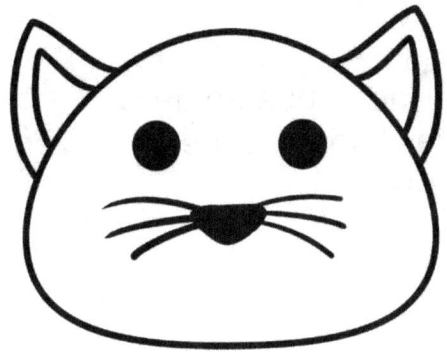

Agrega rasgos faciales al gato como los bigotes. También puede agregar algunos patrones en el pelaje o incluso accesorios en la parte superior de su cabeza.

Haremos el mismo proceso para dibujar otros animales.
La única diferencia serían las características faciales específicas que diferenciarían a un animal del otro.

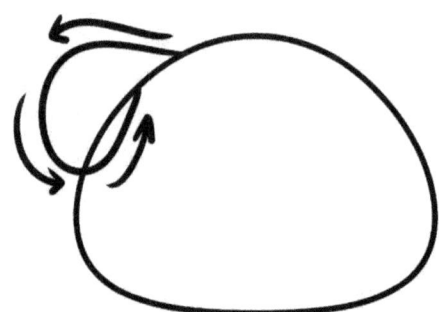

Cuando dibujes perros estilizados, por lo general sus orejas son caídas y muy redondeadas.

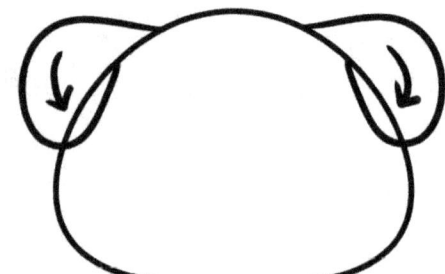

Dibuja otro en el lado opuesto de la cabeza y borra las líneas donde se cruzan las orejas y la cabeza.

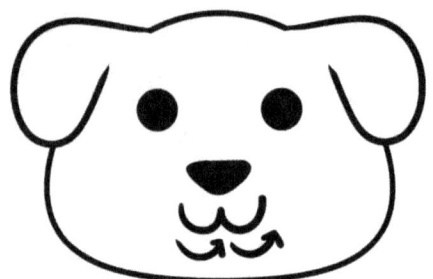

Dibuja los ojos y la nariz. También puedes dibujar una boca tierna.

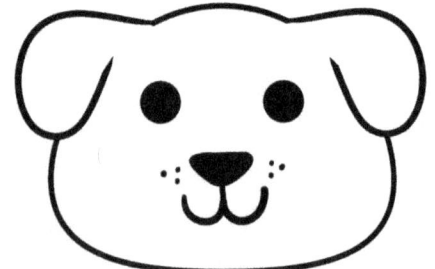

¡Y el perro ya está listo!

¡Agregar más detalles hará que se vea mucho más lindo!

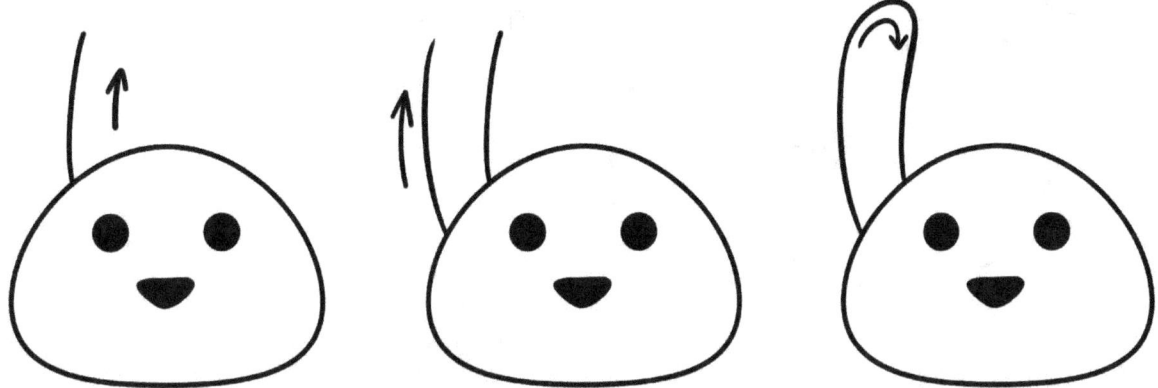

Dibuja las orejas de conejo hacia arriba y tan alto como quieras que sean, ¡recuerda el borde redondeado!

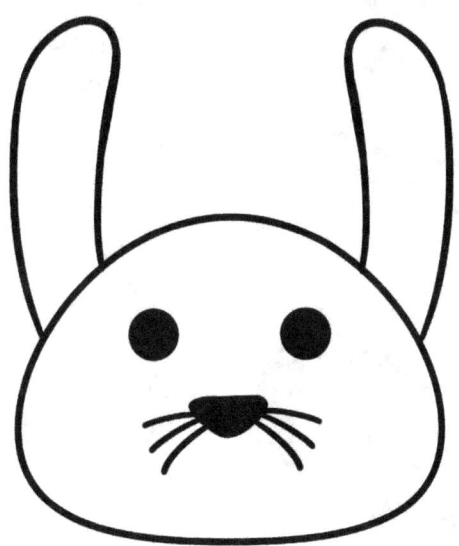

No olvides agregar los detalles finales.

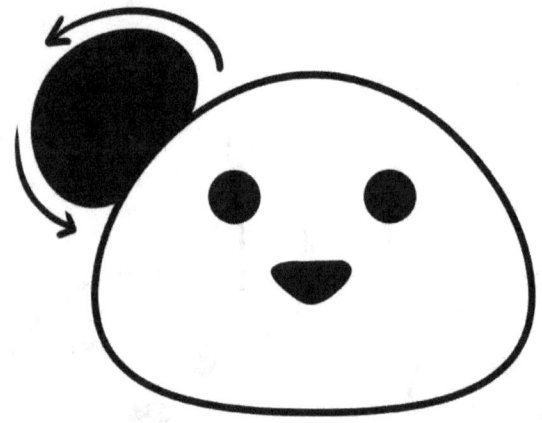

Las orejas de panda, por otro lado, son grandes, redondeadas y negras.

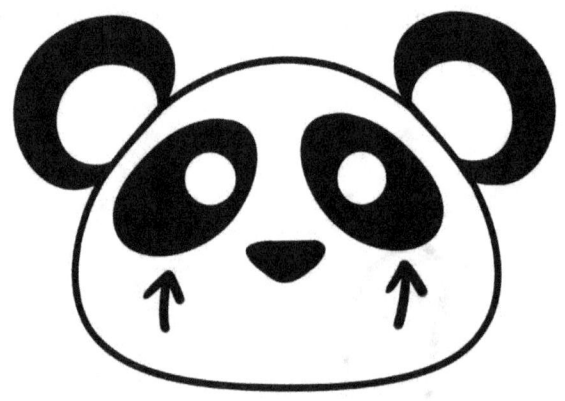

Dibuja la otra oreja del panda y agrega círculos blancos dentro de los negros.

Los ojos del panda son manchas blancas y negras alrededor de su cuerpo.

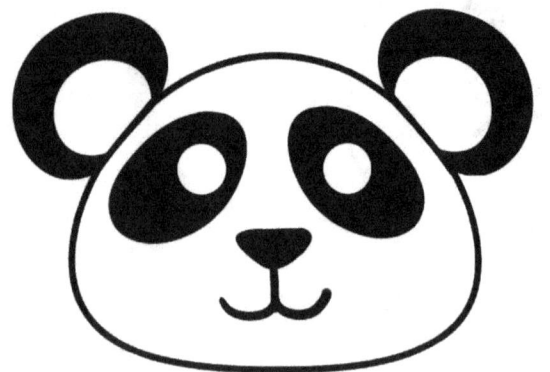

Como siempre, agrega los últimos detalles del panda ¡Y ya terminaste tu panda kawaii!

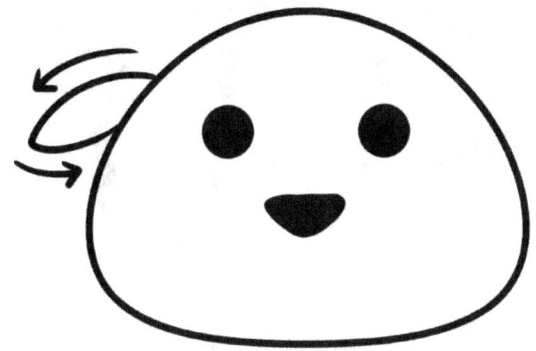

Algunos animales tienen orejas pequeñas y ligeramente puntiagudas.

En este ejemplo, ¡estaremos dibujando una oveja!

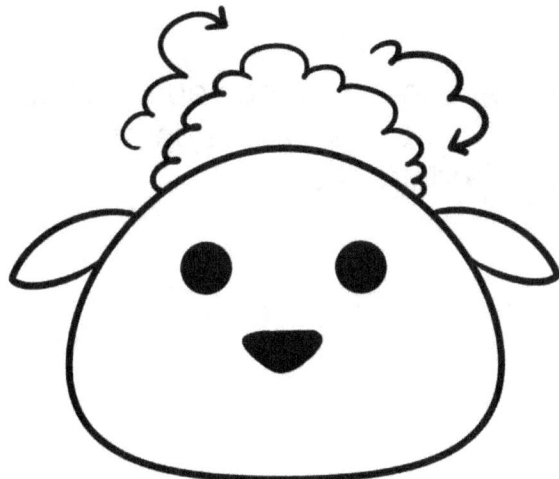

Dibuja un parche esponjoso de lana en la parte superior de su cabeza usando líneas curvas como nubes.

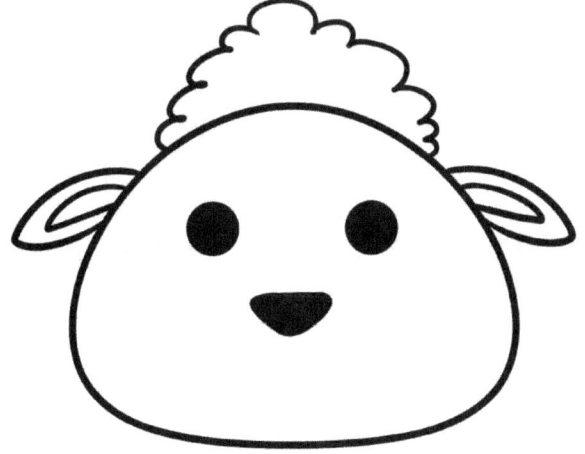

¡Y tu oveja kawaii ya está lista!

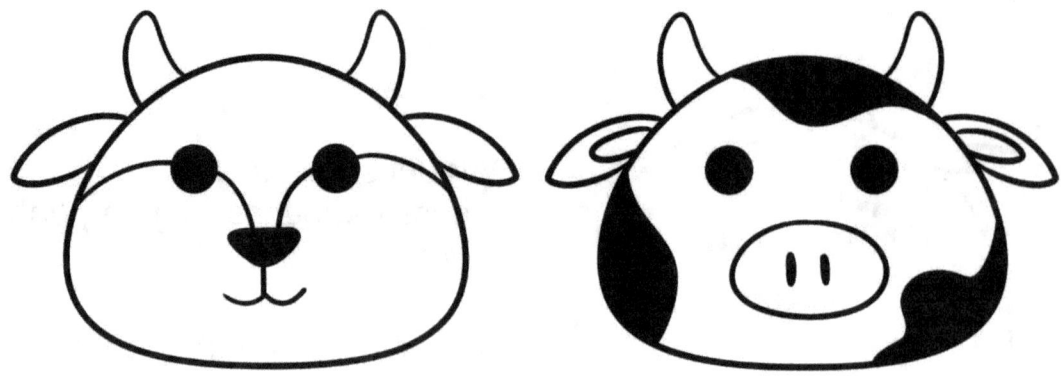

¡Otros animales que tienen las mismas orejas que las ovejas son los ciervos y las vacas!

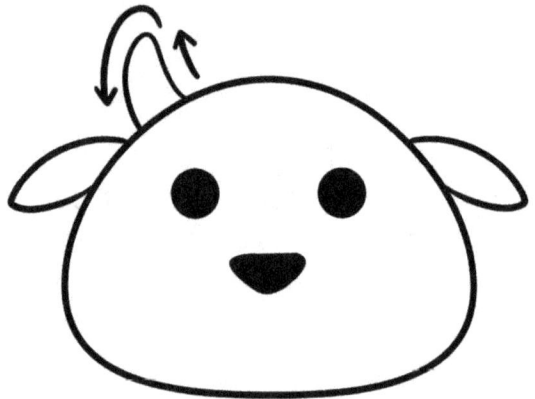

Ambos tienen cuernos que se dibujan en líneas cortas y ascendentes con un borde redondeado.

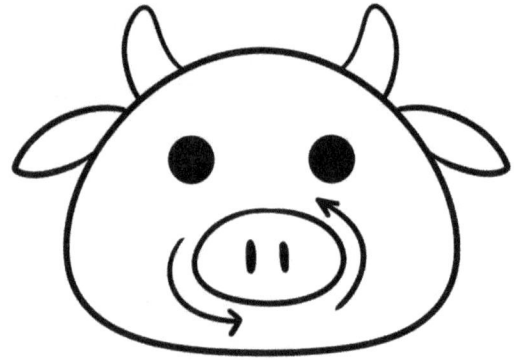

Las vacas, por otro lado, tienen hocicos grandes en lugar de narices pequeñas.

Dibujamos un óvalo con un par de líneas en el medio.

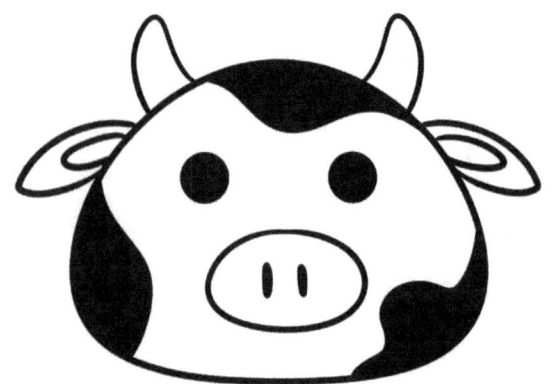

Las vacas también tienen manchas negras como patrón.

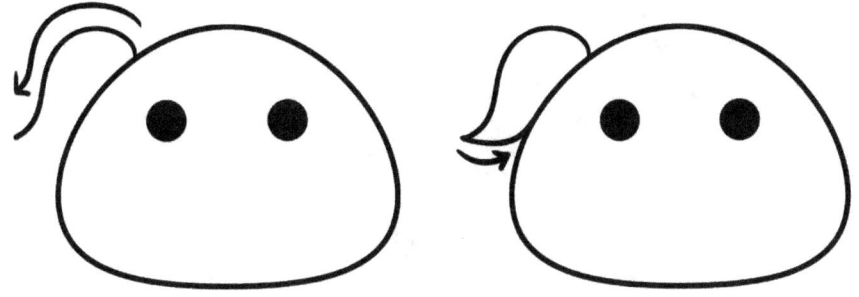

Los cerdos tienen orejas enroscadas con forma de hojas.

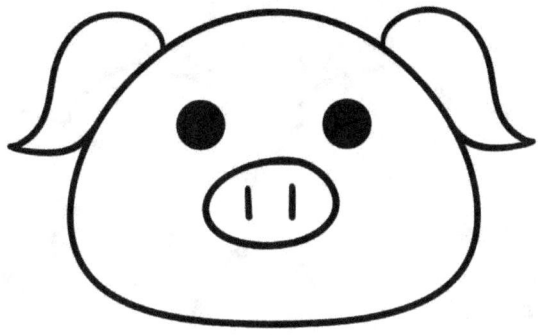

¡También tienen hocicos en lugar de narices!

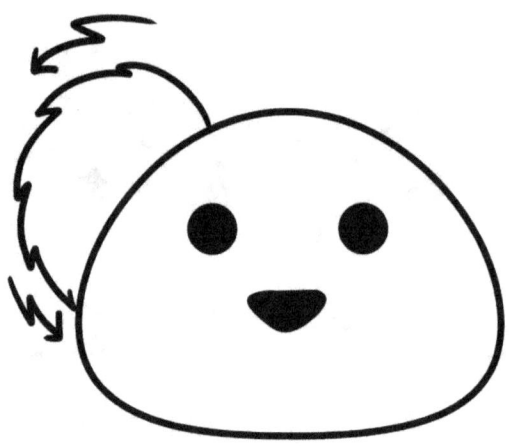

¡Los koalas tienen orejas peludas y amplias!

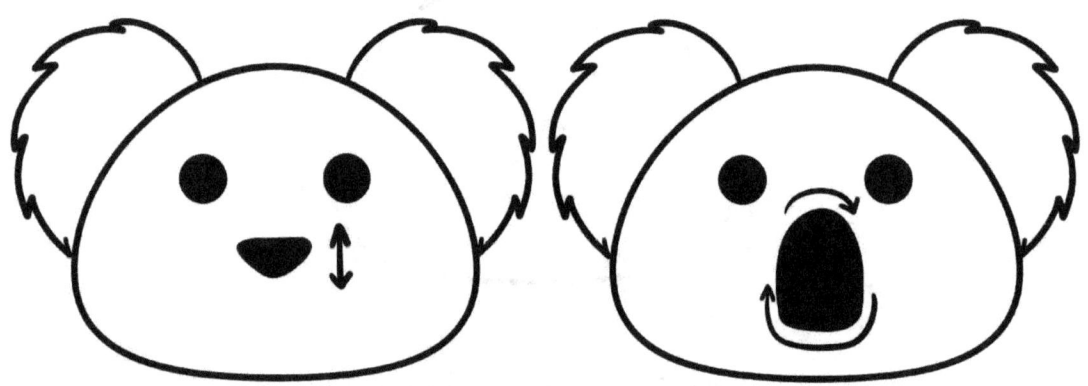

Tienen narices largas y anchas en lugar de una pequeña y linda.

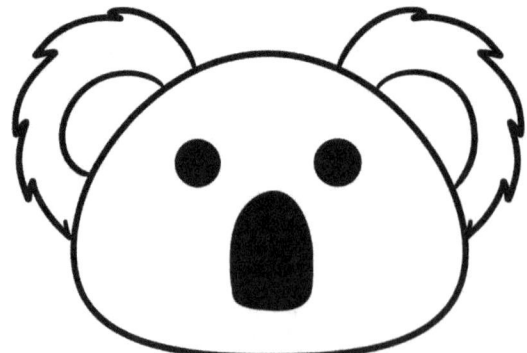

¡No olvides agregar los otros toques finales, como la parte interior de la oreja!

ANIMALES KAWAII

Ahora que hemos visto los pasos para dibujar las cabezas de animales lindos, ¡el siguiente paso sería dibujar todo el cuerpo!

Al igual que los Chibis, los animales se dibujan con el menor detalle posible y partes del cuerpo muy redondeadas.

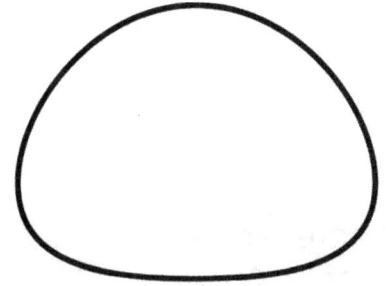

Comenzaremos con la misma forma que usamos para dibujar las cabezas de los animales.

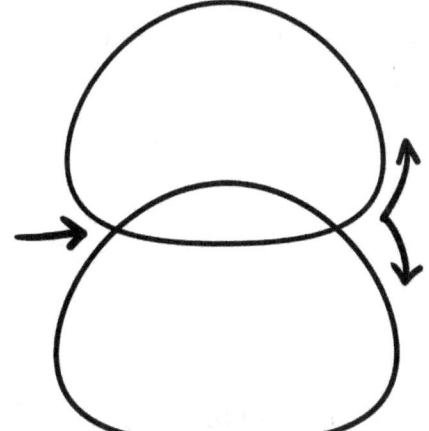

Coloca otra forma redondeada en la parte superior de la primera. La de arriba sería la cabeza y la de abajo, el cuerpo.

Asegúrate de que la cabeza sea un poco más pequeña que el cuerpo y que ambas formas se crucen entre sí.

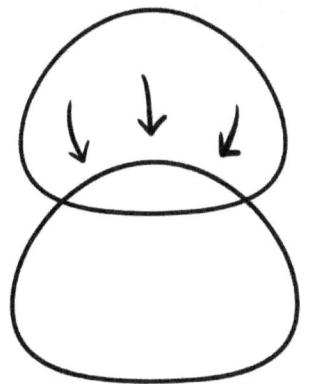 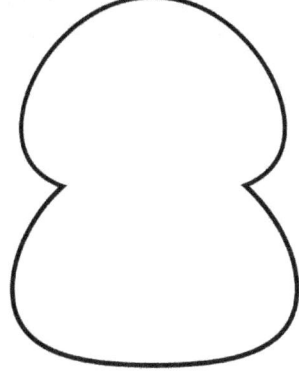

Borra las líneas de intersección para que las dos formas se vean como una sola.

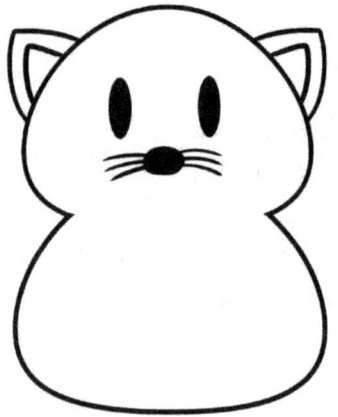

Dibuja las características faciales en la cabeza del animal siguiendo el mismo procedimiento que el tutorial de la cabeza.

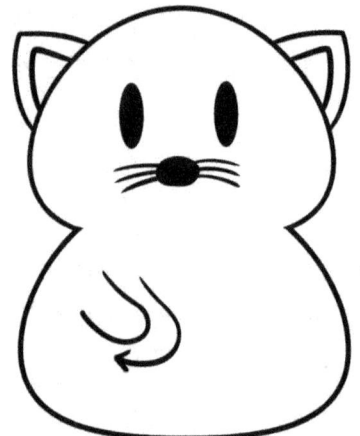

Luego vamos a agregar los pequeños brazos de este gatito Kawaii.

Un simple y redondeado brazo justo debajo del cuello.

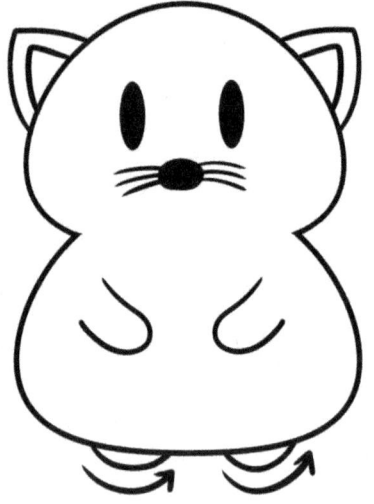

Dibuja el otro brazo en el lado opuesto al primero.

Agrega un par de pequeños pies dibujando dos curvas debajo del cuerpo.

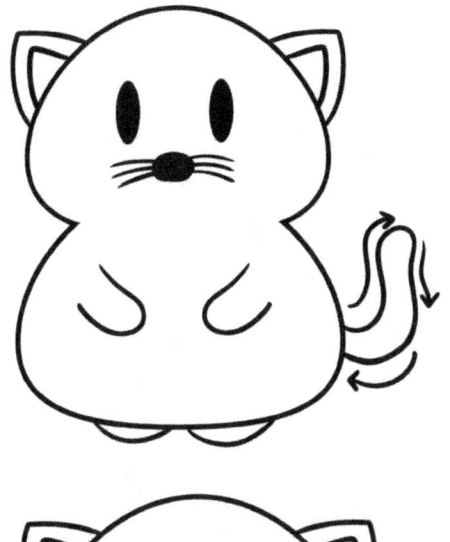

Agrega la cola a un lado del cuerpo.

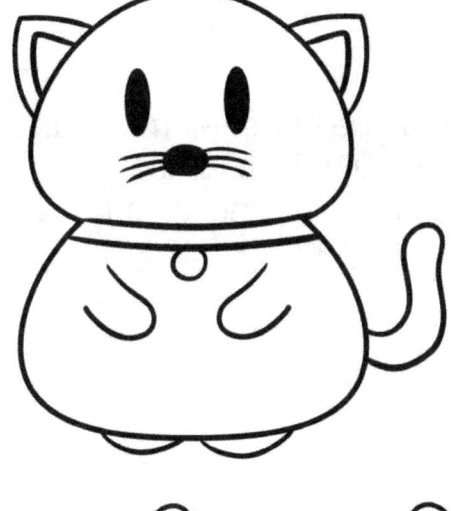

¡Y tu gatito Kawaii estará listo! Incluso puedes agregar algunos accesorios como un lindo collar.

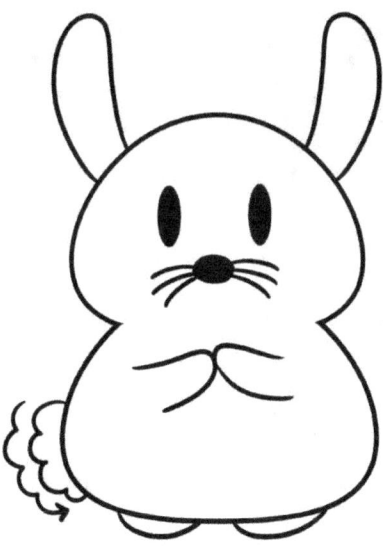
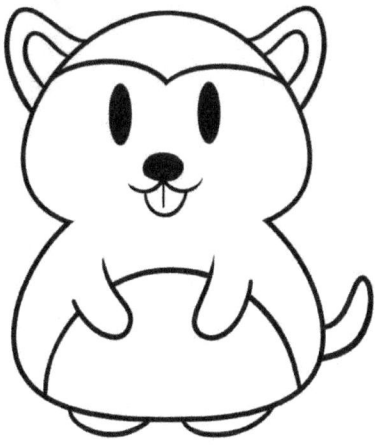

Aquí hay algunos otros ejemplos de animales dibujados con la misma forma de cuerpo. Agrega patrones al cuerpo y no olvides dibujar sus orejas y otras partes del cuerpo como la respectiva cola. Los conejos tienen colas cortas y esponjosas mientras que algunos perros tienen colas puntiagudas.

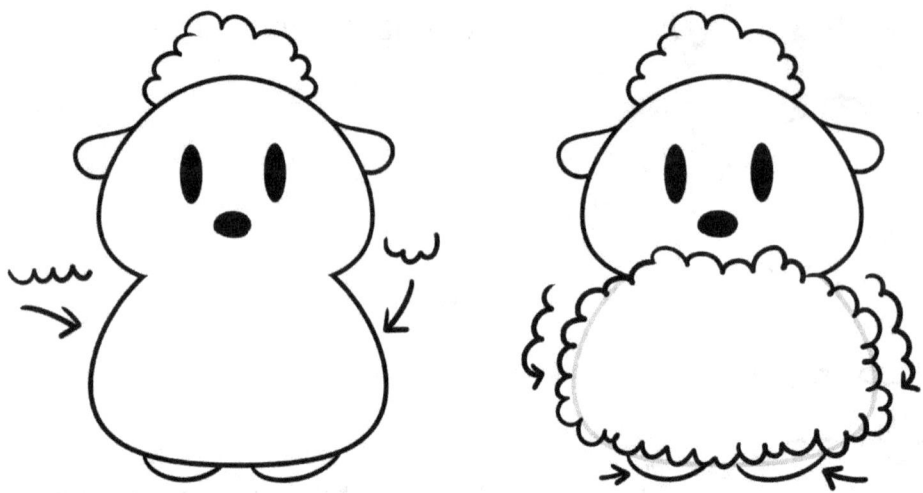

¡Algunos animales, tienen su cuerpo cubierto de pelo! Por ejemplo, una oveja esta mayormente cubierta por esponjosa lana. Dibuja la lana alrededor del cuerpo, ¡asegúrate de agregar variación en el tamaño de las curvas para hacerlo lucir lindo!

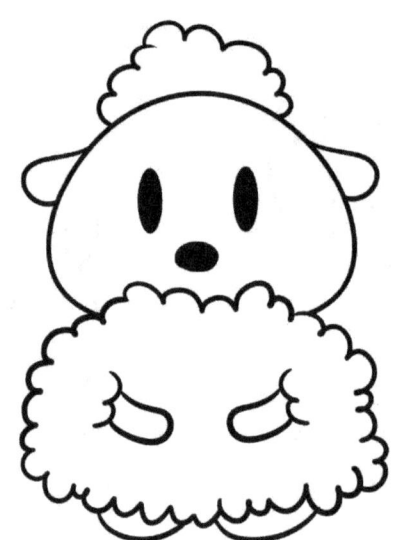

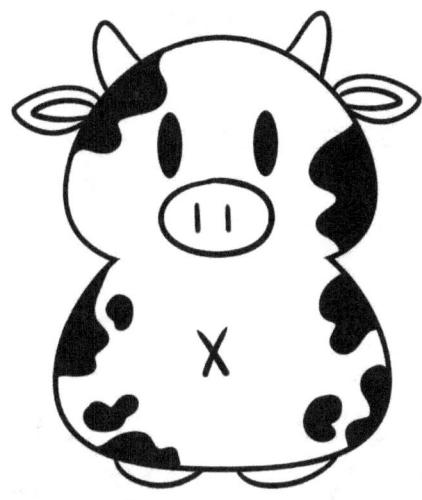

¡Algunos animales, tienen patrones en todo su cuerpo! La mayoría de los patrones no son visibles en la parte media del cuerpo.

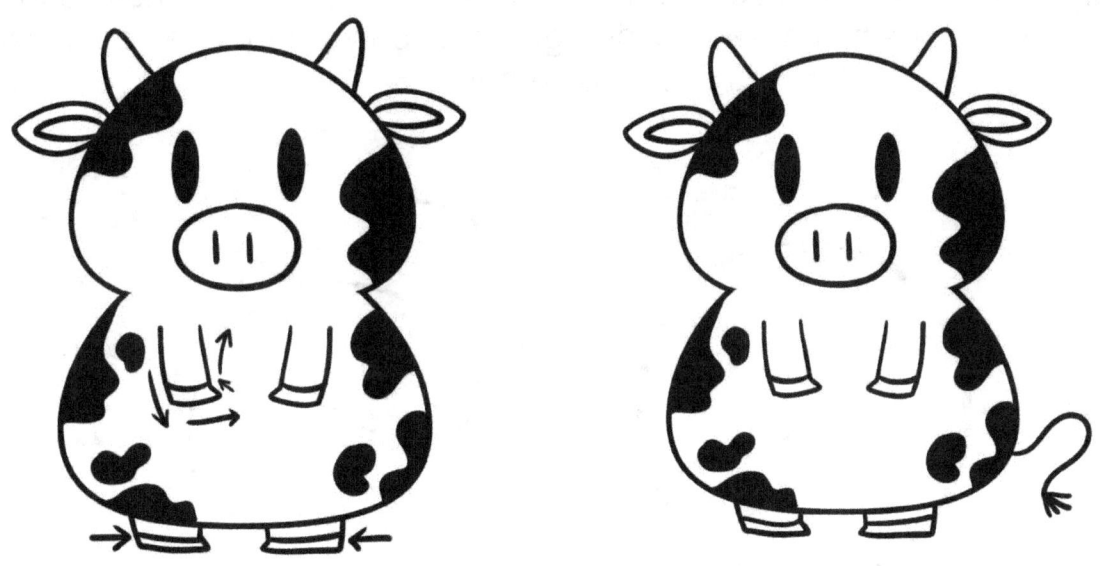

Los animales como las vacas también tienen pezuñas, por lo que en lugar de brazos redondeados, dibujaremos un brazo plano.

ANIMALES KAWAII
AVES

¡En este tutorial, nos enfocaremos en nuestros amigos emplumados! Podemos dibujar aves usando el mismo método de los tutoriales anteriores, pero veremos otras formas de cuerpo que sirven mejor para dibujar aves.

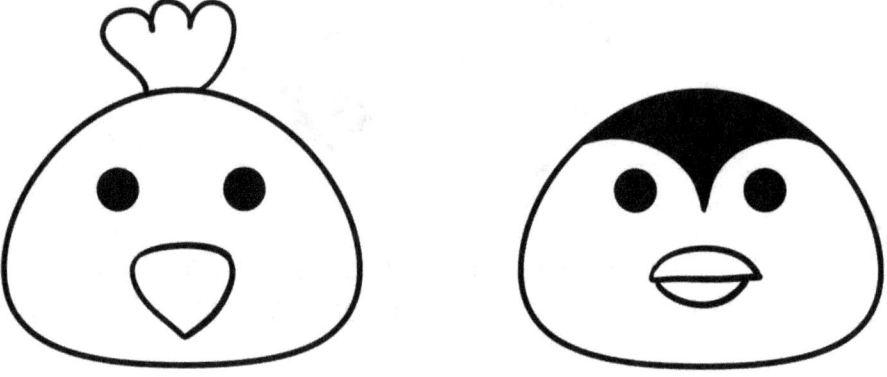

¡Aquí tenemos ejemplos de un pollo y un pingüino que dibujamos usando el primer tutorial que hicimos! Para los siguientes pasos, dibujaremos un ave de cuerpo entero.

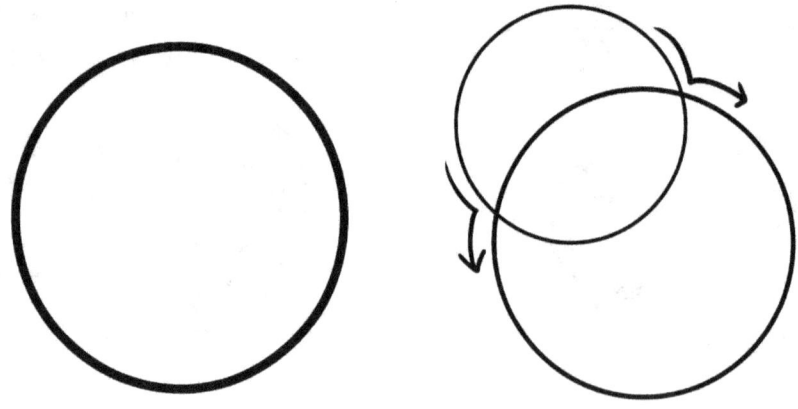

Comenzaremos con un simple circulo para la primera ave.
Coloca un circulo más pequeño encima del primero.
El circulo pequeño será la cabeza y el más grade será el cuerpo.

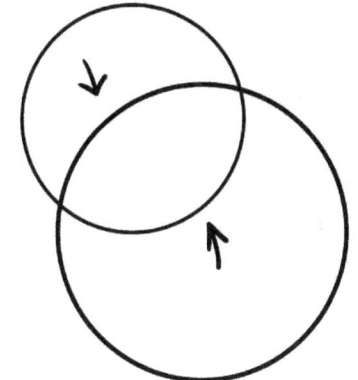 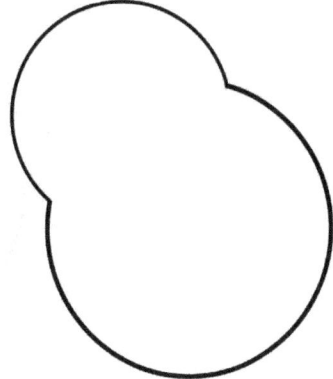

Borra las líneas de intersección internas para crear una sola figura.

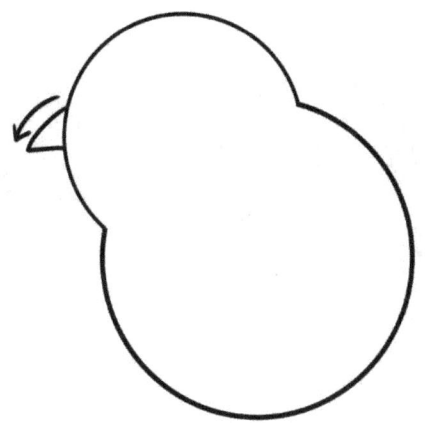 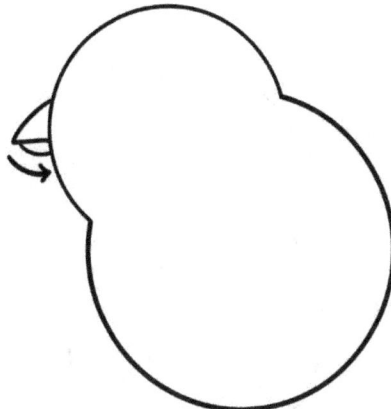

Dibuja el pico del ave en un lado de la cabeza.

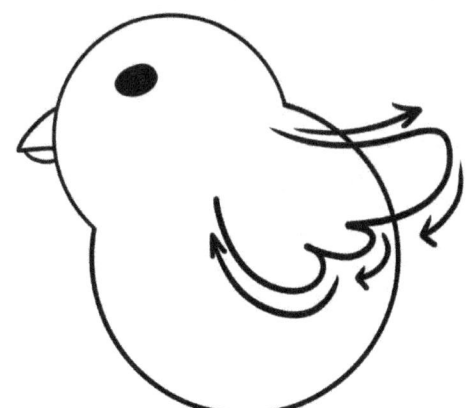 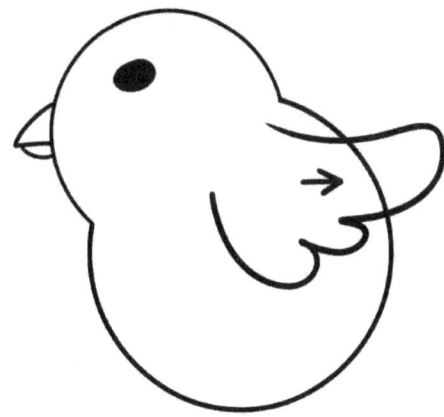

Agrega el ojo y luego comienza a dibujar el ala.
Las curvas de las alas tienen forma de nubes, pero varían en el largo de cada curva.
¡No olvides borrar las líneas de intersección!

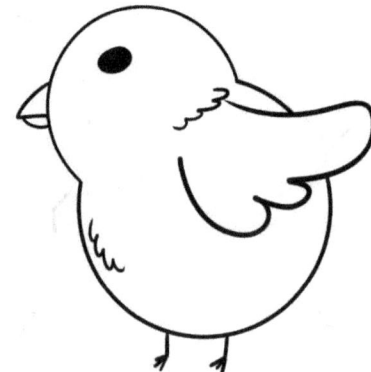

Agrega los detalles finales como las patas y algunos grupos de plumas que son un grupo de curvas. ¡Tu ave Kawaii esta lista!

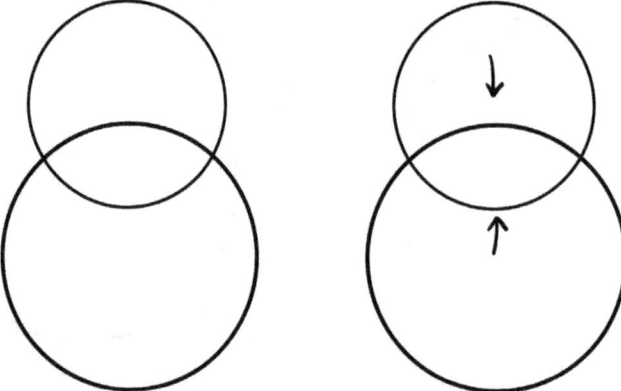

Comienza con dos círculos, uno más pequeño que el otro.
Ubica el más pequeño encima del grande y borra las líneas de intersección.

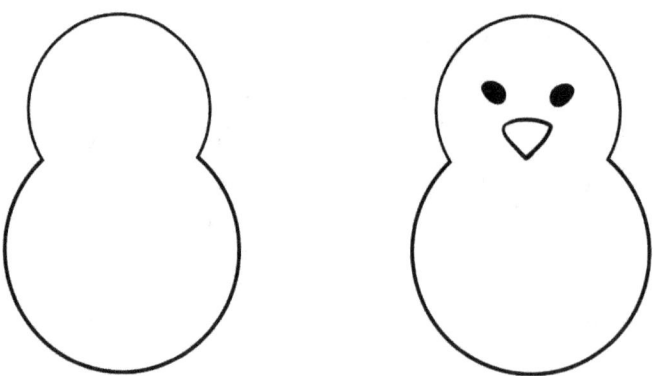

Cuando tengas una forma única, dibuja la cara del ave, que incluye los ojos y el pico.

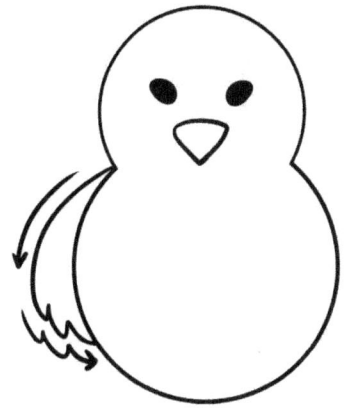

Dibuja el ala a un lado del cuerpo. ¡Puedes hacerla pequeña y corta o más larga dependiendo de tus preferencias!

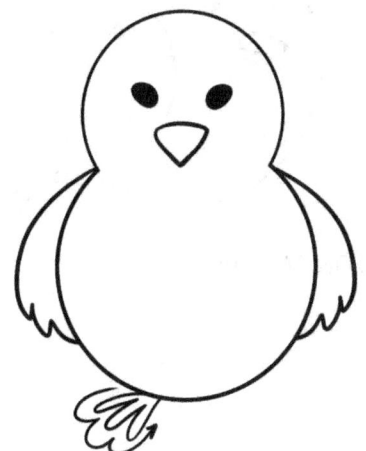

Para continuar, dibuja otra ala en el lado opuesto.

Luego, dibuja un par de pies debajo del cuerpo.

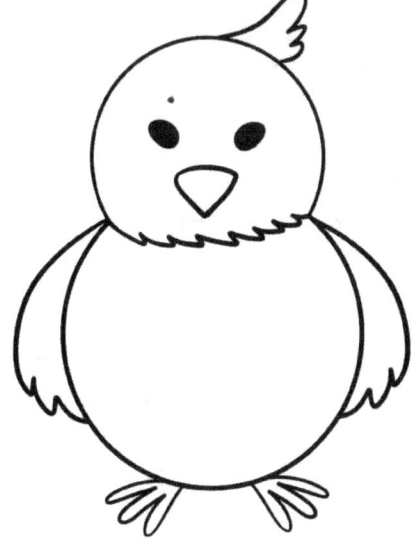

Termina con algunos detalles como plumas en el cuerpo y cabeza.

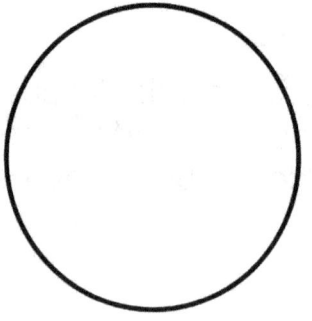 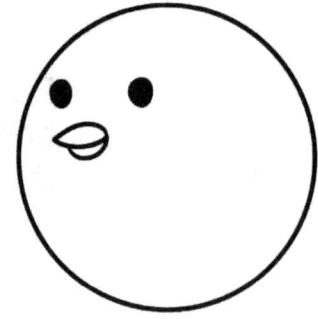

¡Incluso puedes usar un simple círculo cuando dibujes aves Kawaii! Inicia con un círculo, luego añade los ojos y el pico.

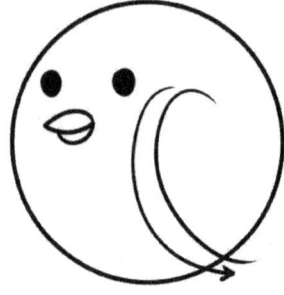 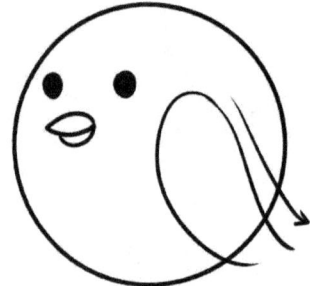 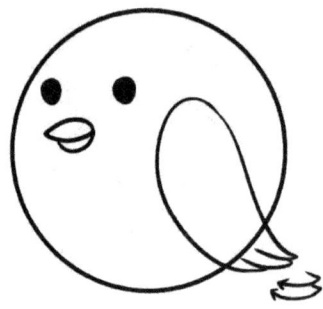

Procede a dibujar el ala usando la misma técnica de los tutoriales previos.

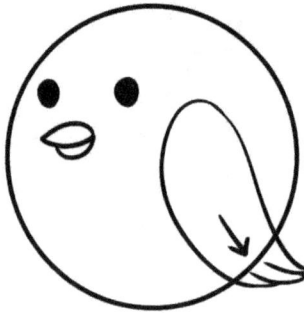 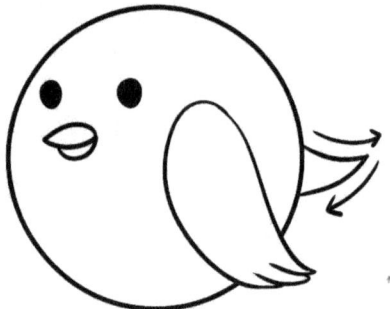

No olvides borrar las líneas de intersección.
Puedes agregar una pequeña cola a un lado del cuerpo también.

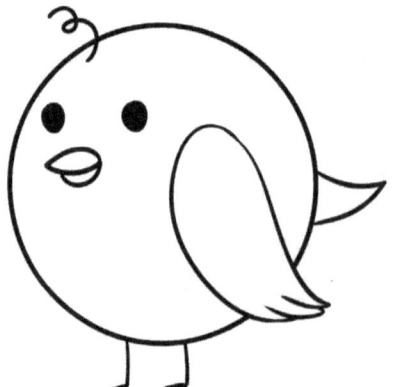

Por último, agrega las patitas y algunos otros detalles.

¡Qué Kawaii!

ANIMALES KAWAII

¡Otra manera de dibujar animales tiernos es usar una sencilla forma de óvalo!

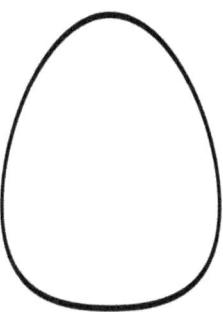

Al igual que en los primeros tutoriales ¡ésta forma puede ser usada para dibujar varios tipos de animales tiernos!
Para este ejemplo, dibujaremos un lindo perro en base a un óvalo.

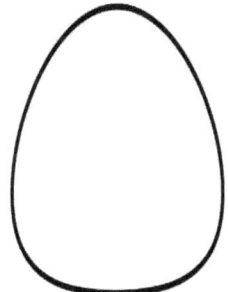

Primero dibuja un óvalo.

Este será todo el cuerpo del animal, así que si dibujas un ovalo pequeño, ¡el animal será más pequeño!

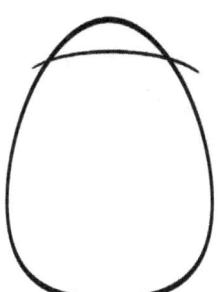

Luego de eso, dibuja una línea curva en la parte de arriba del óvalo, esto será la guía para las orejas.

Si dibujas la guía más arriba, las orejas serán más cortas y viceversa.

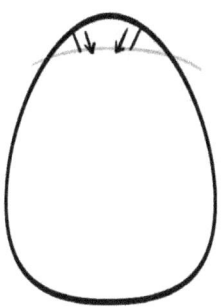

El siguiente paso es dibujar dos líneas desde la parte de arriba del óvalo hacia abajo, conectándose con las guías que hemos dibujado.

Estas serán las orejas de nuestro perro.

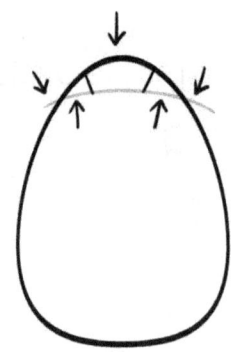

Como siempre, ¡no olvides borrar las líneas de intersección!

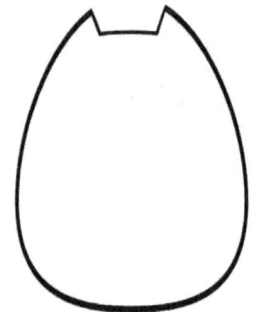 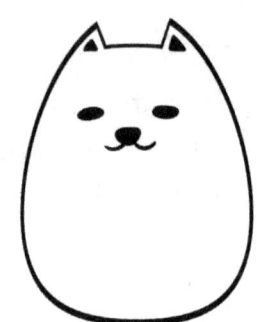

Una vez obtengas una única forma ¡puedes agregar las características faciales como la nariz y los ojos!

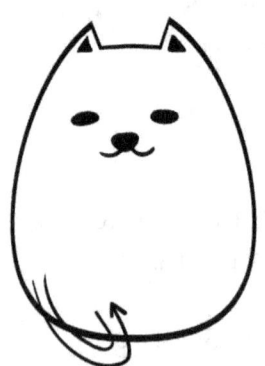 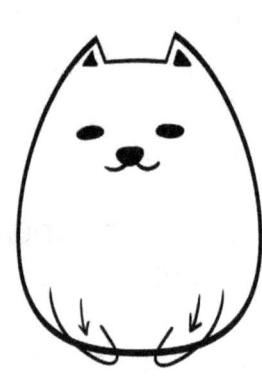

Agrega las patas delanteras del perro usando líneas curvas y redondeadas.

Como siempre ¡elimina las líneas de intersección!

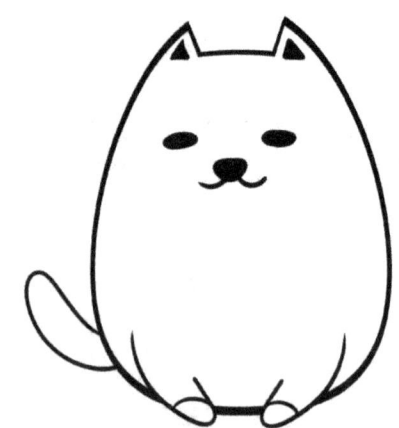

Añade los detalles finales como la cola y otros detalles que quieras agregar. ¡Y ya terminamos nuestro perro Kawaii!

ANIMALES KAWAII
CRIATURAS MARINAS

El próximo capítulo de animales se centrará en las criaturas kawaii. que viven en el mar!

PECES

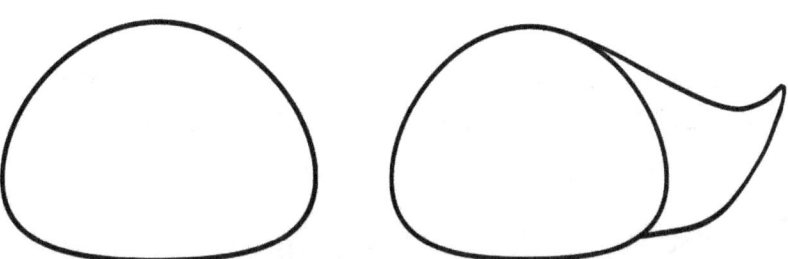

Comienza con una figura básica de las que hemos utilizado para dibujar animales Kawaii.

Dibuja dos líneas curvas que se encuentran al final. Puedes hacerlas más cortas o más largas de acuerdo a tus preferencias.

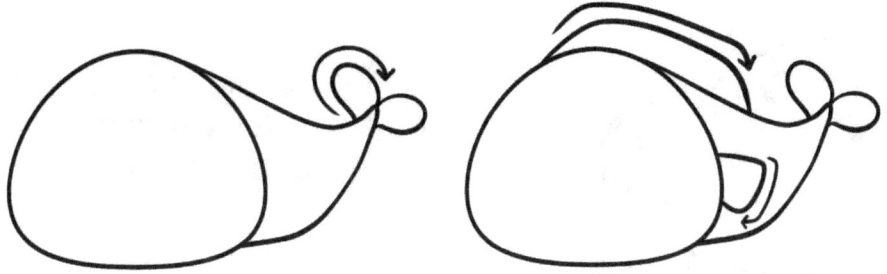

Agrega los detalles del cuerpo del pez como la cola y las aletas.

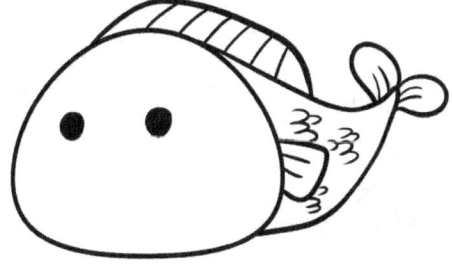

Por último, agrega los detalles del pez como las líneas de las aletas, cola y escamas.

PULPO

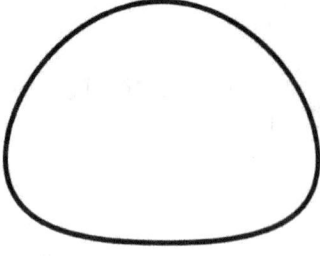 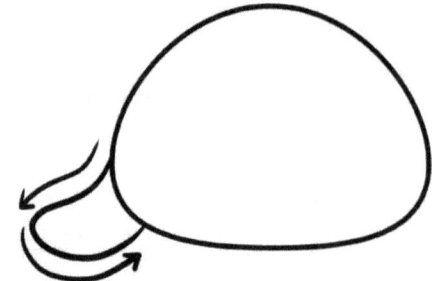

Inicia con la forma básica, luego agrega los tentáculos del pulpo dibujando curvas redondeadas debajo de la cabeza. Puedes dibujar los tentáculos más cortos o más largos según tu preferencia.

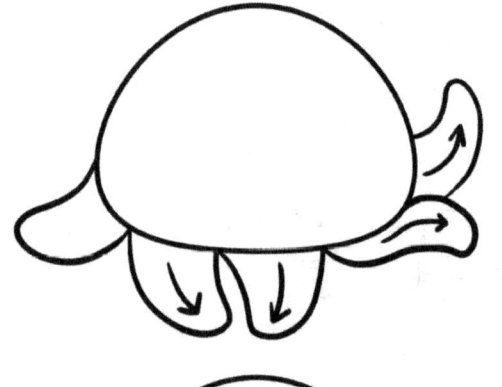

Agrega los otros tentáculos. Dependiendo de la vista, puede que los ocho tentáculos no sean visibles.

Asegúrate de dibujar los tentáculos en diferentes direcciones para que el pulpo no se vea rígido.

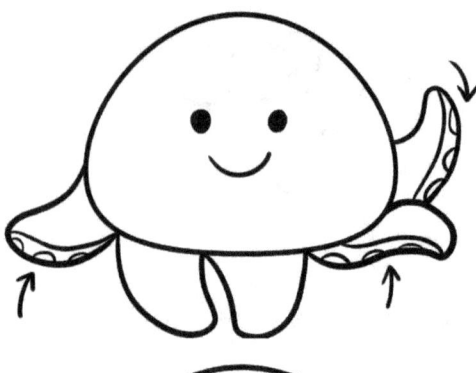

Agrega los detalles de los tentáculos, recuerda que las ventosas se ubican debajo de cada tentáculo.

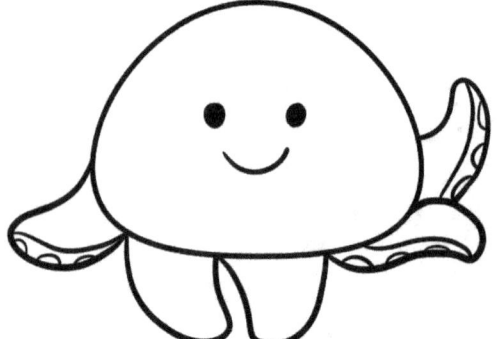

¡Has terminado!

Siéntete libre de agregar algunos detalles y patrones en el cuerpo del pulpo.

TORTUGA

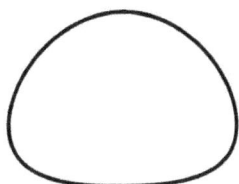 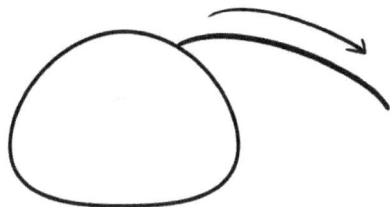 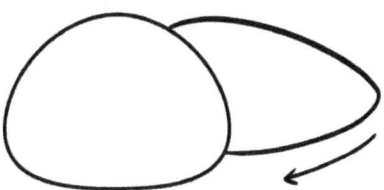

Comenzamos con nuestra forma básica, agrega dos líneas curvas que tengan un borde redondeado en un lado de la cabeza. Este será el caparazón de la tortuga.

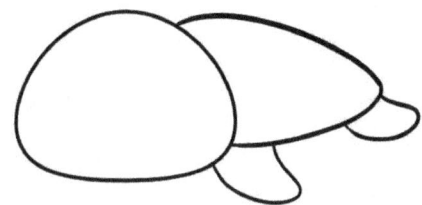

Agrega curvas redondeadas debajo del caparazón. Estas serán las aletas de la tortuga.

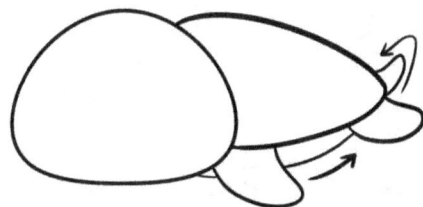

Agrega más curvas al cuerpo de la tortuga, como su cola y el revestimiento debajo de su caparazón.

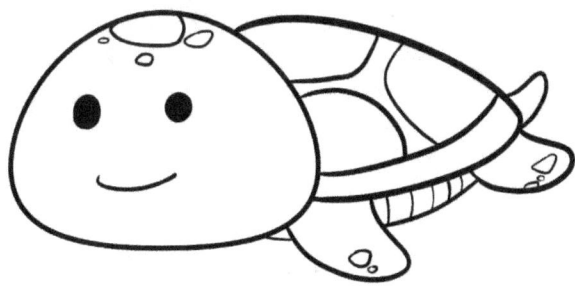

Finalmente, agrega los detalles en su cabeza, aletas y caparazón.

¡Y has terminado!

TIBURÓN

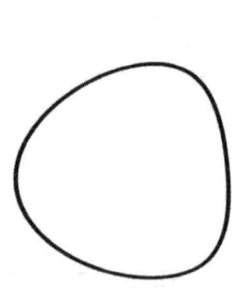 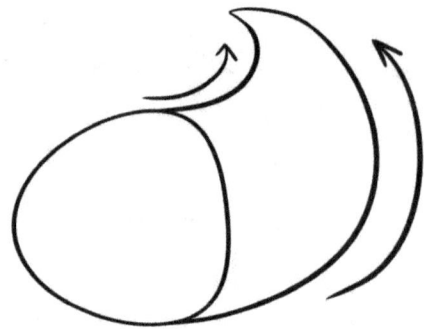

Comenzamos con nuestra forma básica, agrega dos líneas curvas que formarán el cuerpo del tiburón.

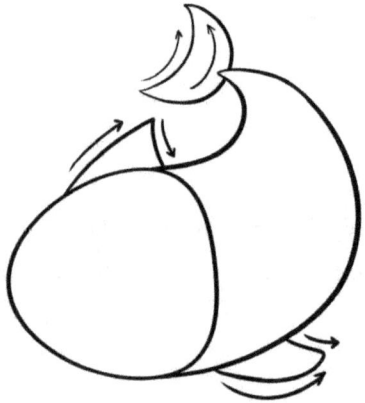 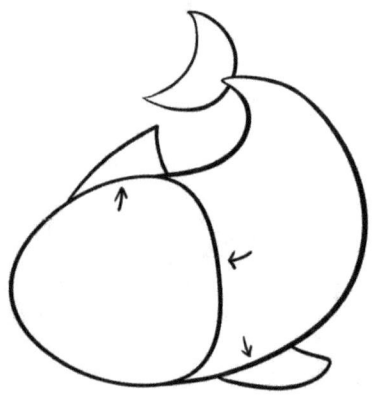

Agrega más partes del cuerpo del tiburón, como las aletas y la cola. Borra las partes donde se superponen las líneas.

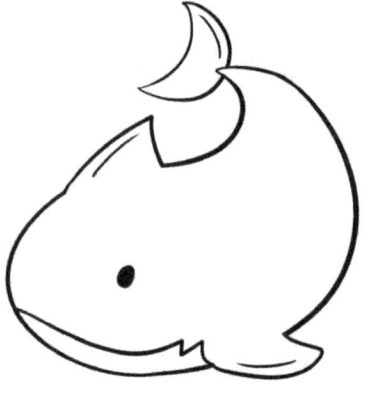

Por último, agrega los detalles que completarán el cuerpo del tiburón.

¡Y has terminado!

BALLENA

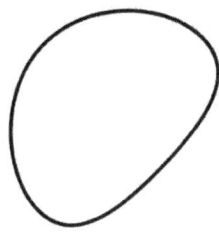 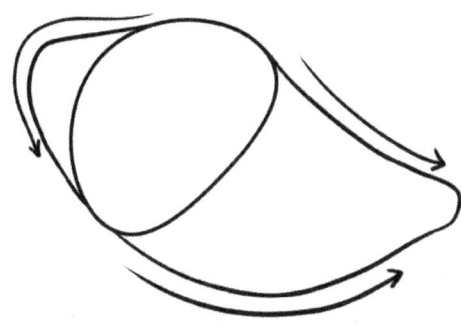

Comienza con la forma básica y agrega una línea curva a ambos lados, una que sea puntiaguda y corta, la cual formará parte de la cabeza y la otra más larga, que sería el cuerpo de la ballena.

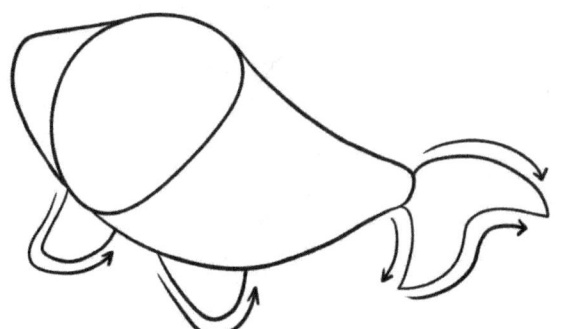 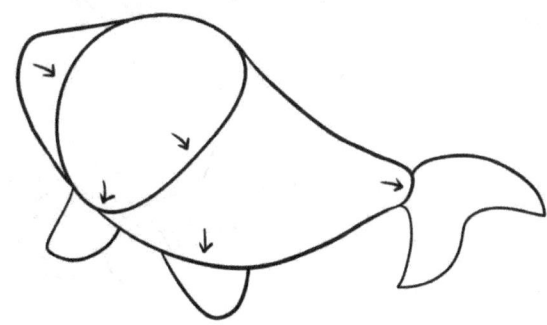

Agrega las aletas y la cola de la ballena.
Borra las líneas superpuestas.

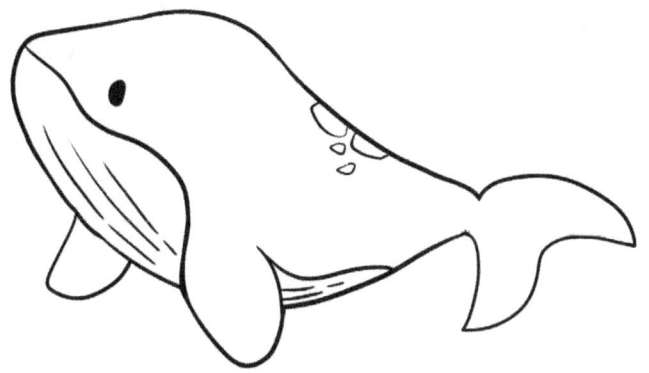

Agrega los detalles en el cuerpo de la ballena.

¡Ya terminaste!

DELFIN

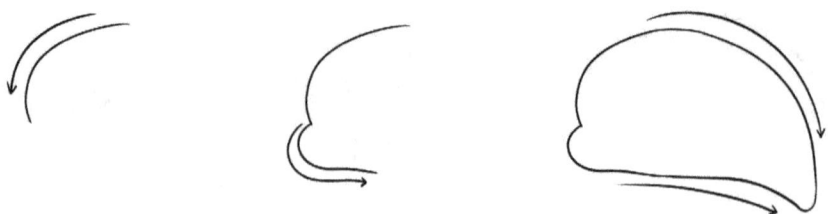

La cabeza del delfín es un poco diferente, así que no usaremos la forma básica que hemos estado usando hasta ahora.
La frente del delfín es prominente y tiene boca puntiaguda.

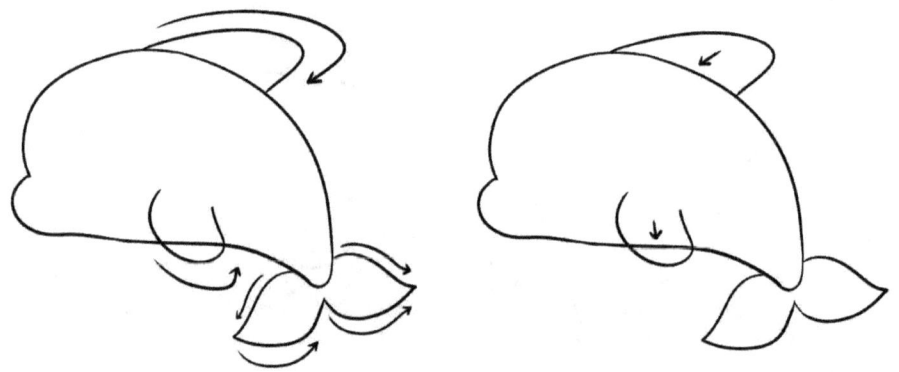

Agrega las aletas y la cola del delfín.
Asegúrate de borrar también las líneas superpuestas.

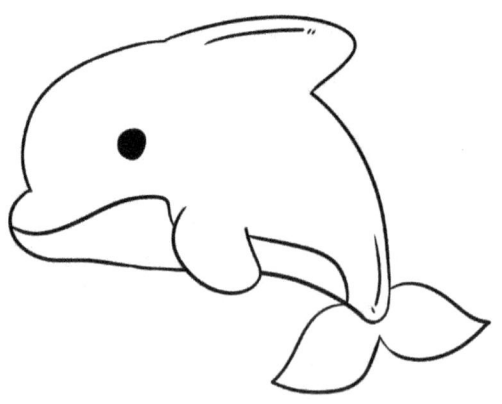

Agrega los detalles finales para terminar tu delfín kawaii y ¡listo!

ANIMALES KAWAII
ANIMALES ALTOS

LLAMA

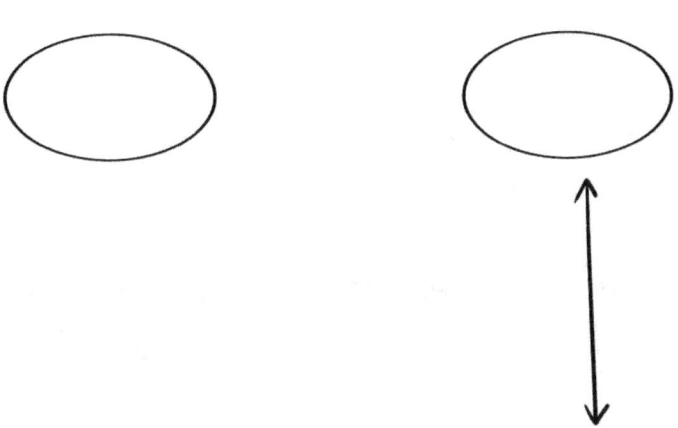

Comienza con una de las formas básicas.
Ya que las llamas tienen cuellos largos, necesitamos determinar su longitud.
Usa una guía para ayudarte a dibujar el cuello.

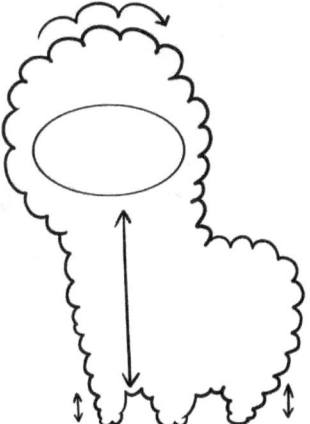

Siguiendo las líneas guía, dibuja el cuerpo de la llama usando curvas similares a nubes ¡porque tienen lana esponjosa!
Rodea la cabeza de la llama y dibuja patas cortas.

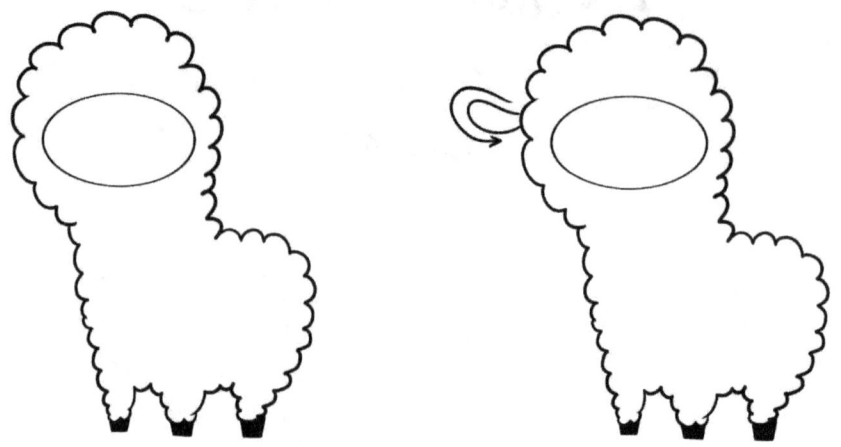

Agrega detalles como pezuñas y orejas.

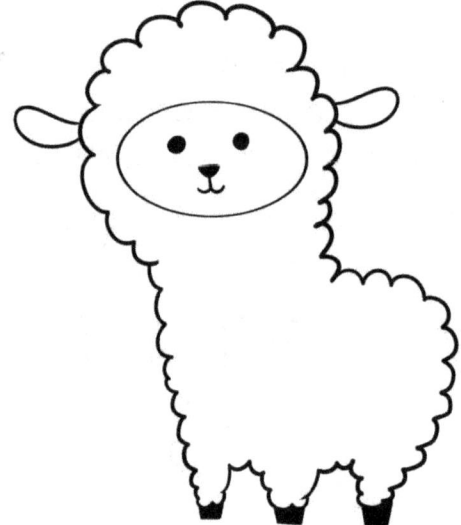

¡No olvides agregar una cara kawaii en la llama y listo!

JIRAFA

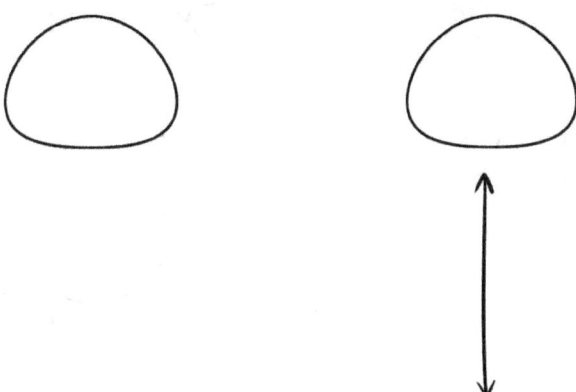

Igualmente, como hicimos con la llama, comienza con una forma básica y una guía para ayudarte con el cuello.

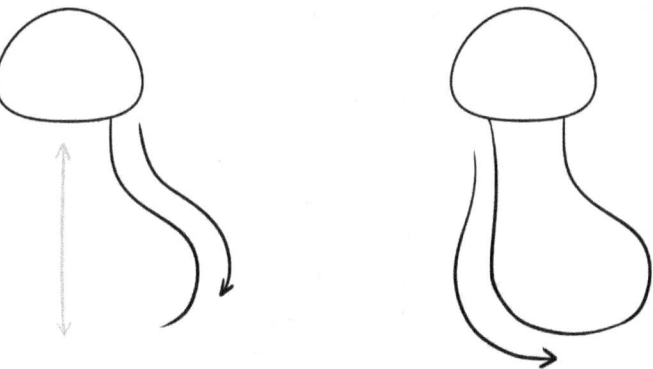

Dibuja el cuerpo de la jirafa, asegúrate de que sea redondeada, especialmente en el borde.

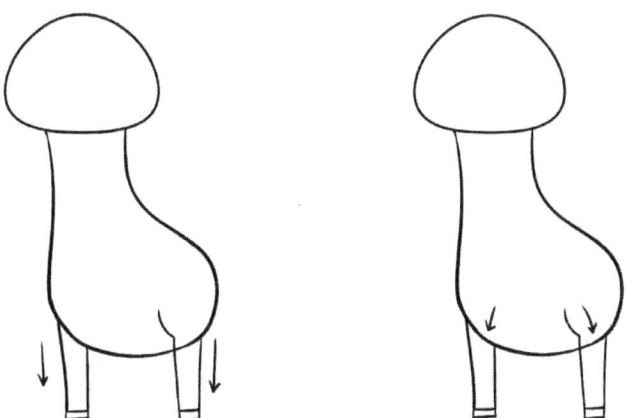

Dibuja las patas de la jirafa usando líneas rectas. Agrega pezuñas a cada una de las patas también. No olvides borrar las líneas superpuestas.

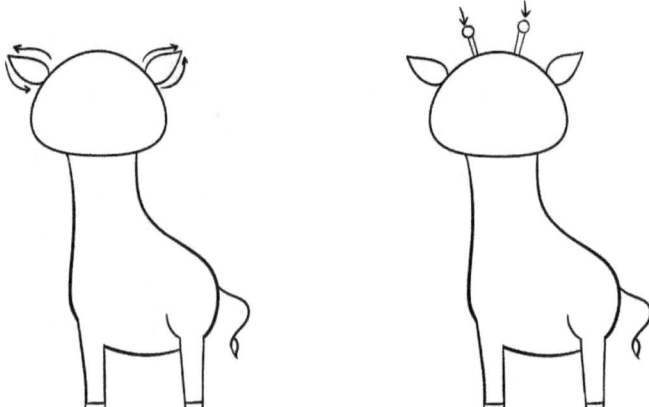

Agrega las otras partes del cuerpo, como las orejas, la cola y los osicones de la jirafa, que de hecho son cuernos.

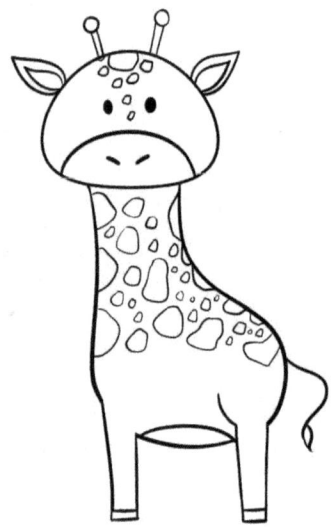

Por último, agrega la cara de la jirafa, así como las marcas distintivas del cuerpo de la jirafa.

AVESTRUZ

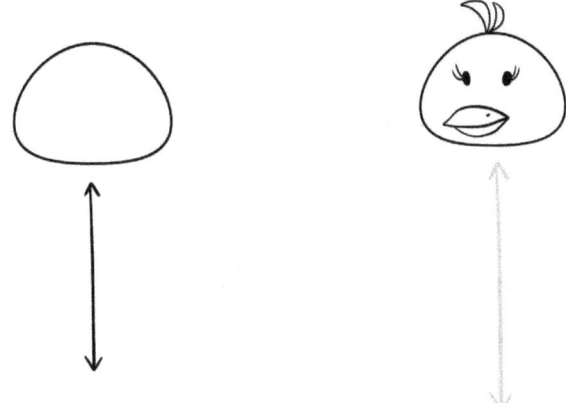

El mismo proceso lo usaremos para el avestruz. Comienza con una forma básica y la línea guía.

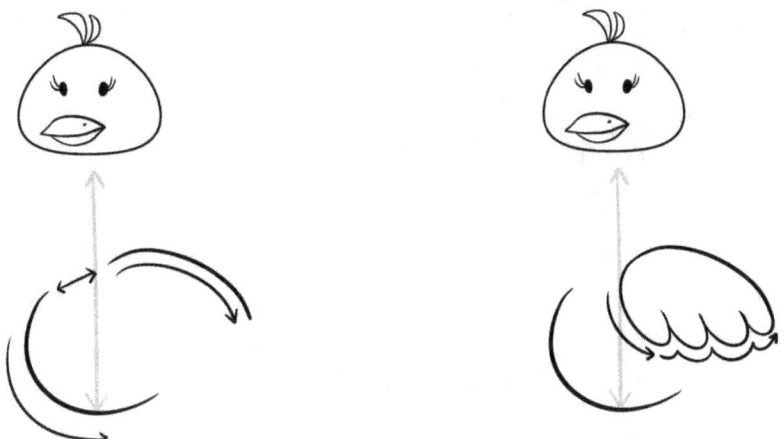

Usa líneas curvas para dibujar el cuerpo y ala del avestruz.

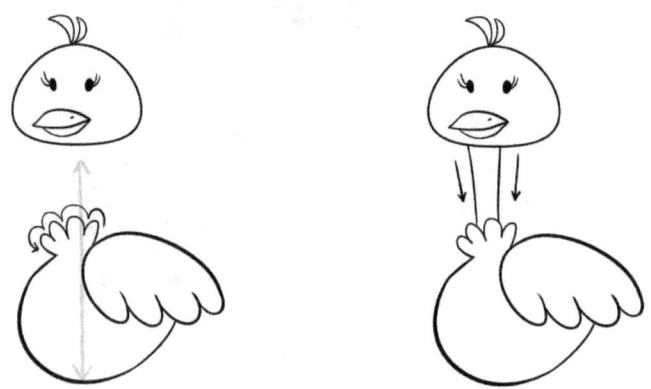

Dibuja el cuello del avestruz y conéctalo al cuerpo.

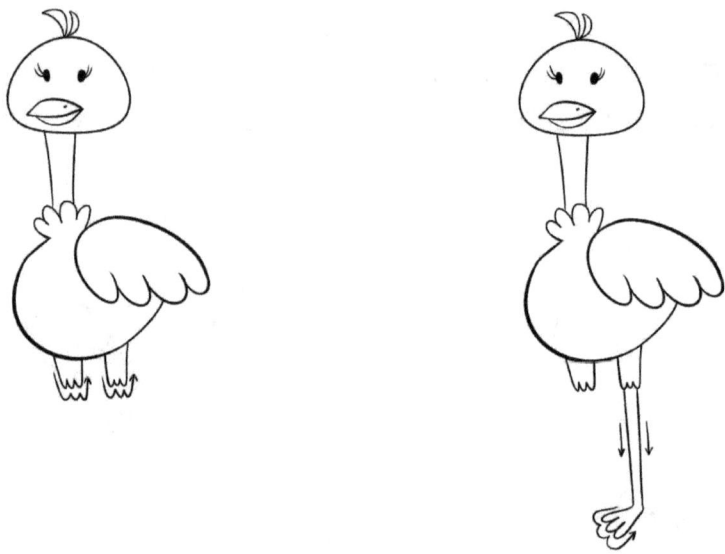

Dibuja un par de largas piernas también.

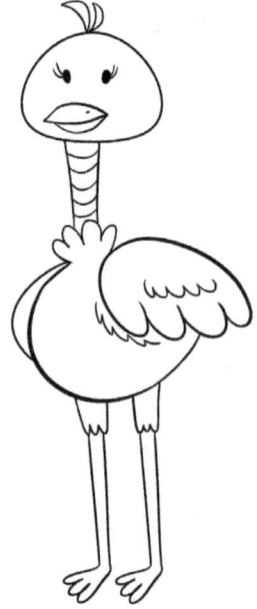

Dibuja los detalles finales y ¡habrás terminado con tu avestruz kawaii!

PLANTAS KAWAII

Los siguientes tutoriales se centrarán en dibujar plantas tiernas.
Dibujar plantas es fácil y requiere muy poca técnica y formas básicas.

HOJAS

Lo primero que debes aprender a dibujar es la parte más básica
de la planta, ¡que es la hoja!

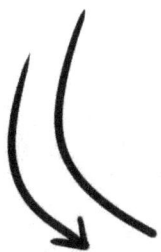 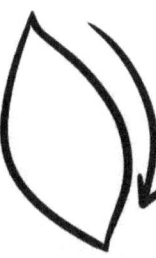

Dibuja la forma básica de la hoja con dos líneas curvas que se encuentran al final. ¡Ambos extremos deben ser puntiagudos!

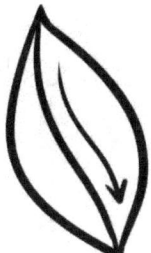 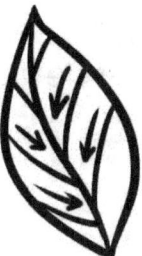

Añade los detalles de la hoja, como el nervio central (la parte media de la hoja) y las venas (las pequeñas líneas que crecen desde el nervio central).

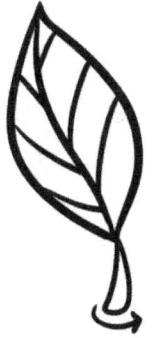

Agrega el pecíolo o el tallo al final de la hoja y ¡ya está!

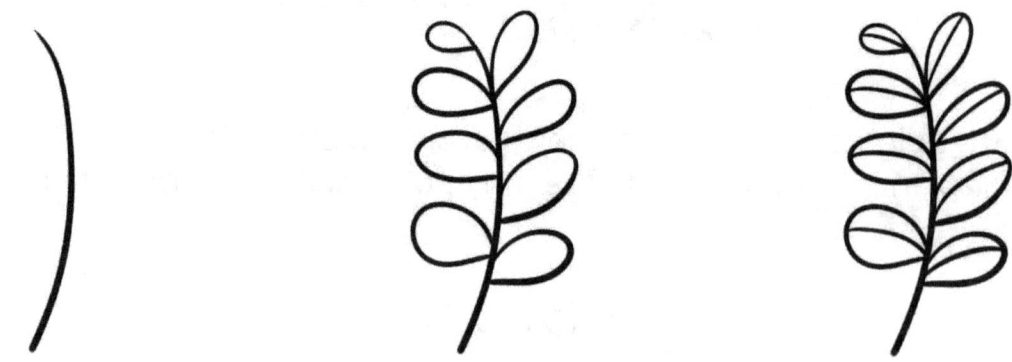

Otra forma de hoja muy fácil de dibujar es solo un tallo conectado a hojas redondeadas. Asegúrate de que las hojas se agranden cuando llegues a la parte inferior del tallo.

También hay hojas con bordes dentados. Comenzamos con el tallo y luego dibujamos un par de líneas en zigzag a ambos lados del tallo.

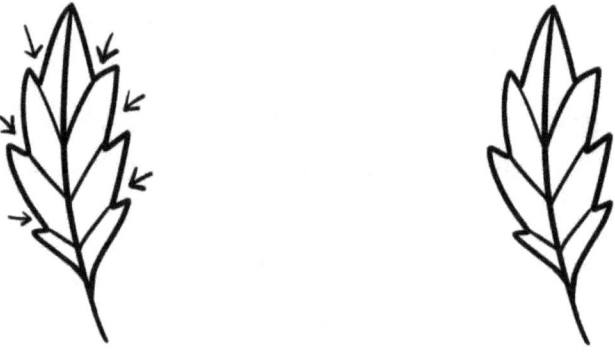

Agrega las venas de la hoja conectándola a cada borde formado por las líneas en zigzag. ¡Y está listo!

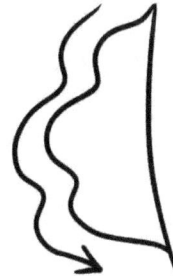 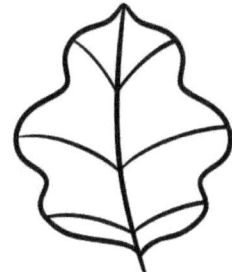

¡Seguimos el mismo proceso cuando se trabaja en hojas con bordes ondulados!

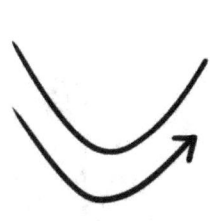 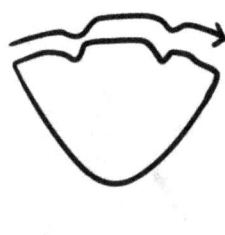 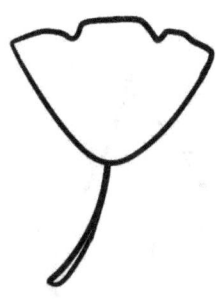

¡Algunas hojas tienen forma de copa!
También puedes agregar un patrón irregular en el borde.

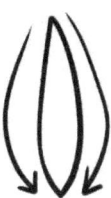 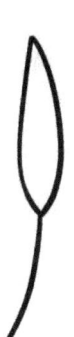 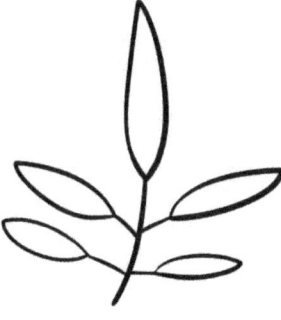

Algunas plantas tienen amplios espacios entre las hojas, como esta.
También puedes dibujar una variación del tamaño de la hoja.

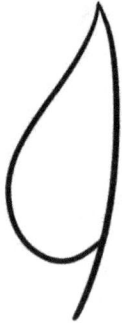 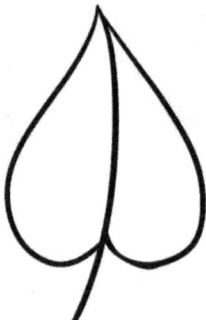 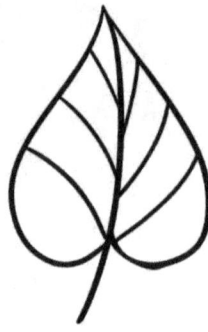

¡También hay hojas tienen forma de corazón!
El mismo proceso se utiliza para dibujar estas.

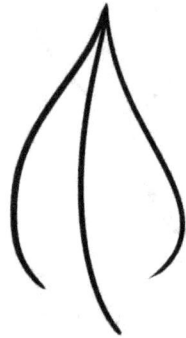 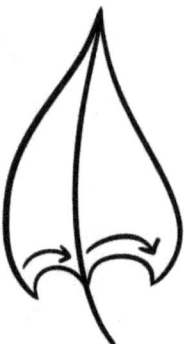 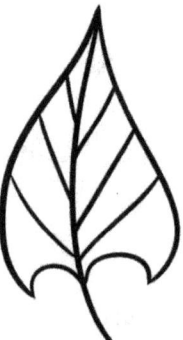

¡Puedes agregar más detalles para que la forma de la hoja sea única!

PLANTAS KAWAII
FLORES

Otra cosa divertida de dibujar ¡son las flores!
Puedes dibujar varias formas para hacer que cada flor sea única.
En este tutorial, veremos las flores más comunes.

CAPULLO DE ROSA

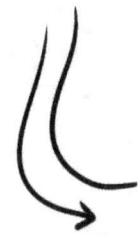  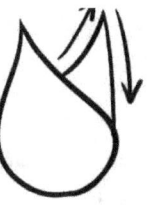

Comienza dibujando los pétalos base usando formas de hojas que se superponen entre sí. Asegúrate de que el primer pétalo esté redondeado en la parte inferior.

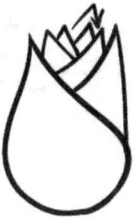 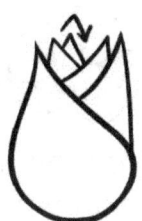 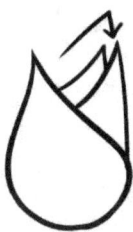 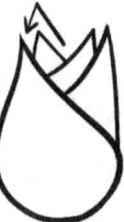

¡Continúa dibujando más pétalos superpuestos uno encima del otro para crear la ilusión de una rosa floreciente!

Por último, agrega más detalles como las hojas y el tallo para completar el capullo de rosa ¡y listo!

ROSA

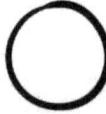 

Inicia con un círculo pequeño y luego agrega algunas líneas curvas dentro de él. Este sería el brote dentro de la vista superior.

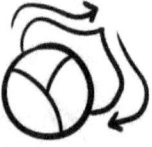 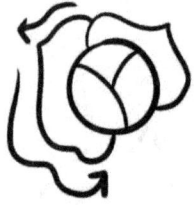 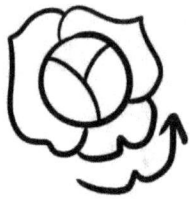

Agrega tres pétalos fuera del círculo dibujando una variación de líneas onduladas y curvas. Asegúrate de superponer un pétalo con otro para crear la ilusión de pétalos en capas.

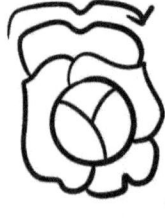 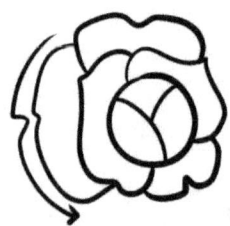 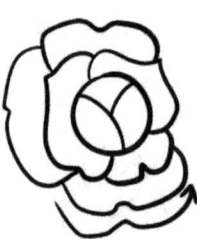 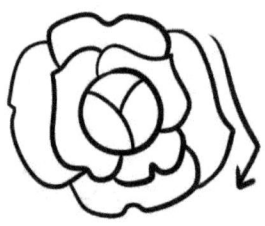

Agrega tres pétalos fuera del círculo dibujando una variación de líneas onduladas y curvas. Asegúrate de superponer un pétalo con otro para crear la ilusión de pétalos en capas.

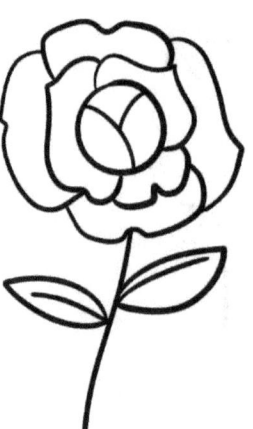

¡Agrega los detalles finales como las hojas y el tallo de la flor y ¡has terminado de dibujar tu rosa!

MARGARITA

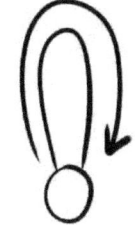

Para dibujar una margarita, comienza con un círculo pequeño y luego dibuja un pétalo largo y estrecho redondeado al final.

Agrega más pétalos hasta llegar a un total de ocho pétalos.

Agrega algunos pequeños detalles para que tu margarita no se vea simple.

Otra versión de una margarita es ¡una margarita perezosa! Comienza con una cabeza en forma de copa, aquí es donde se unen los pétalos de las flores. Dibuja los pétalos como si estuvieran mirando hacia abajo, finalmente agrega detalles como las hojas y el tallo.

TULIPÁN

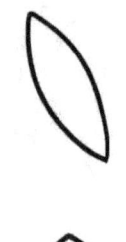 

 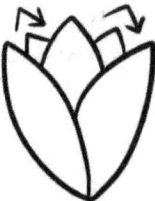

Para comenzar con un tulipán, sigue el mismo proceso que al dibujar un capullo de rosa. La única diferencia es que los pétalos del tulipán no tienen muchas curvas comparados con una rosa. También hay un pétalo en el centro de los dos primeros pétalos superpuestos.

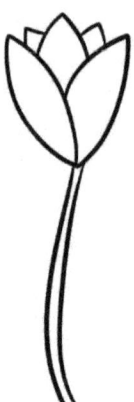 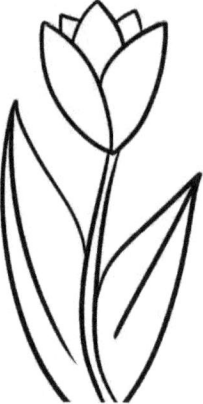

Agrega el resto de los detalles para completar el dibujo.
¡Las hojas de los tulipanes son largas y delgadas en comparación con otras flores!

GIRASOL

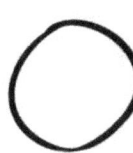 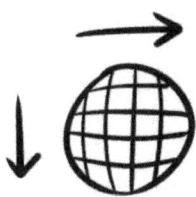

Para comenzar a dibujar un girasol, comienza con un círculo y luego dibuja un patrón de cuadrícula dentro de él utilizando líneas verticales y horizontales que se crucen entre sí.

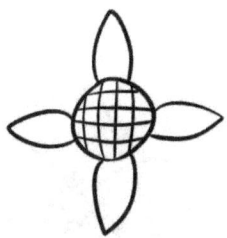 

Agrega pétalos puntiagudos al círculo por números.
Cuando la flor ya tiene muchos pétalos, entonces ¡ya está lista!

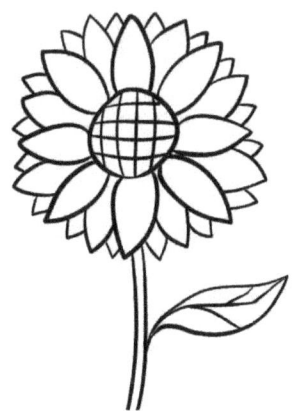

FLOR DE CEREZO

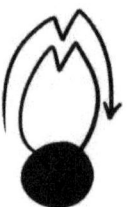

Las flores de cerezo son pequeñas flores que crecen en las ramas de un árbol de cerezo. Para comenzar a dibujarlo, haz un círculo y luego agrega un pétalo corto con un pequeño espacio en su borde.

Continúa dibujando los pétalos hasta llegar a cinco.
Dibuja los detalles para completar la flor.

PLANTAS KAWAII
PLANTAS DE INTERIORES

Las plantas de interior se han vuelto muy populares recientemente porque son fáciles de cuidar ¡y son lindas! Dibujar plantas de interior es fácil ya que básicamente se trata de dibujar hojas, tallos y flores ¡en una maceta!

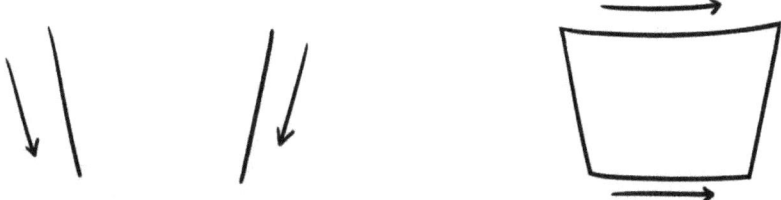

¡Lo primero que hay que dibujar es la maceta! La forma más común para una maceta es una forma cuadrada simple, la parte superior debe estar un poco curvada para que se vea redondeada Puedes dibujar la forma que quieras que tenga tu maceta, algunas personas usan botellas, tazas e incluso vidrio como la maceta de su planta.

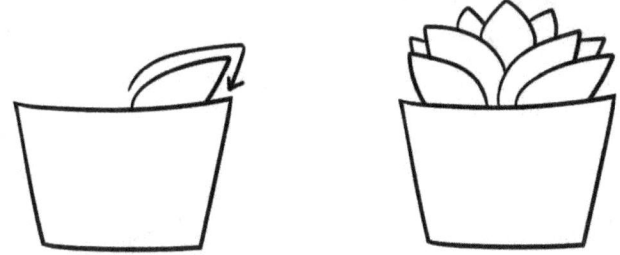

Dibuja algunas hojas cortas e interponlas entre sí para crear una ilusión de capas. ¡Puedes dibujar tantas hojas como quieras!

Finalmente, agrega diseños a tu planta en maceta para que se vea mucho más viva. ¡Puedes diseñar la maceta como quieras!

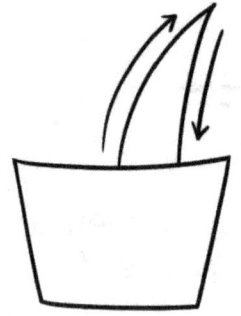 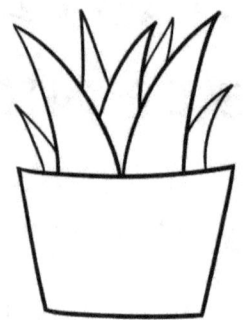 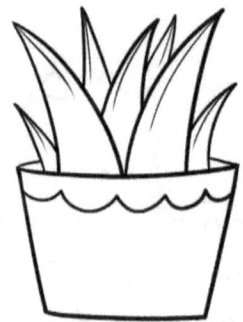

¡Otro estilo de dibujar una planta de interior es dibujar las hojas altas y afiladas como esta! Aplicamos el mismo proceso y técnica que el primero.

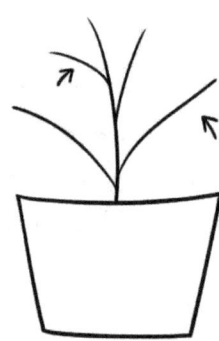 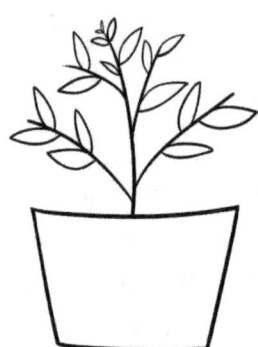

También puedes dibujar una planta con múltiples tallos y hojas cortas. Recuerda que los tallos en la parte inferior son más largos que los que están en la parte superior. Esta variación agrega dimensión a tu planta.

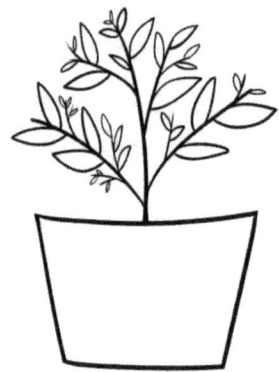 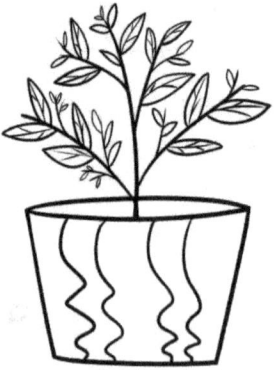

¡Agregar tallos más pequeños entre huecos puede crear una planta de interior más viva! No olvides agregar los detalles en las hojas y la maceta.

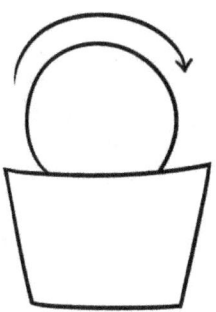 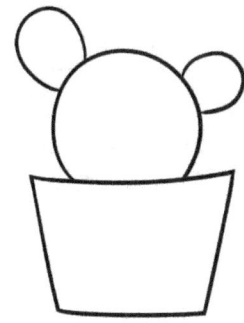

Otro tipo popular de planta de interior ¡son los cactus! Tienen diferentes formas y tamaños y su apariencia varía. En este ejemplo, tenemos un cactus redondeado con pequeñas secciones unidas a él

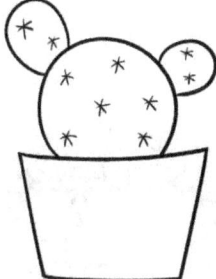 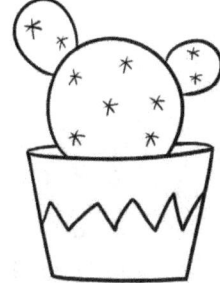

¡Agrega las espinas de los cactus y el diseño a la maceta!

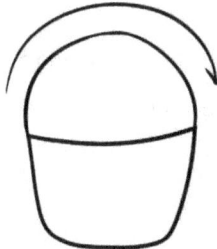 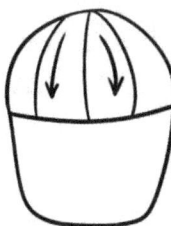

Otra forma común de cactus, es la redondeada. Dibuja una línea curva sobre la maceta y dibuja algunas líneas desde la parte superior de la curva hacia abajo para encontrarse con la maceta.

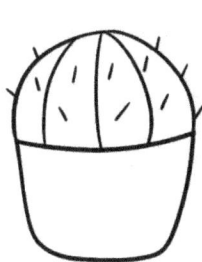 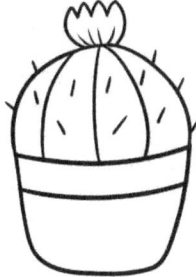

Agrega los detalles finales, como las espinas, un simple botón floral en la parte superior y el diseño de la maceta también.

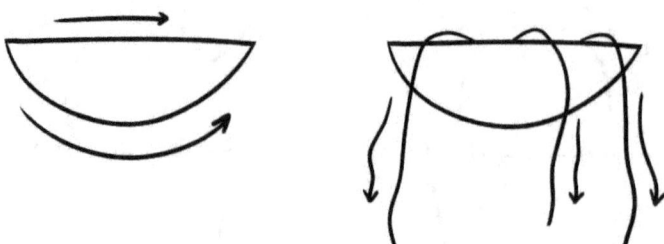

Otro tipo común de planta de interior son las plantas colgantes con tallos largos que salen de la maceta. Las macetas generalmente se hacen en forma de cuenco poco profundo. Dibuja los largos tallos colgando con líneas onduladas.

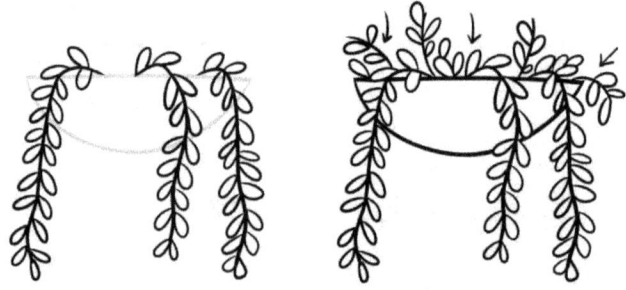

Agrega hojas redondeadas en el tallo y en los espacios entre ellos para crear mayor dimensión.

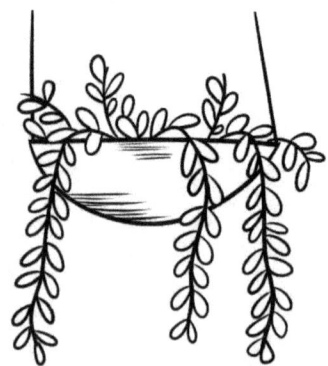

¡Recuerda agregar los detalles finales de tu planta!

CRIATURAS KAWAII
UNICORNIO

Los unicornios son criaturas mágicas conocidas por el cuerno mágico que crece en sus frentes. Por lo general, están asociados con temas lindos como corazones, arcoíris y estrellas, así que asegúrate de sentirte muy kawaii al dibujar unicornios.

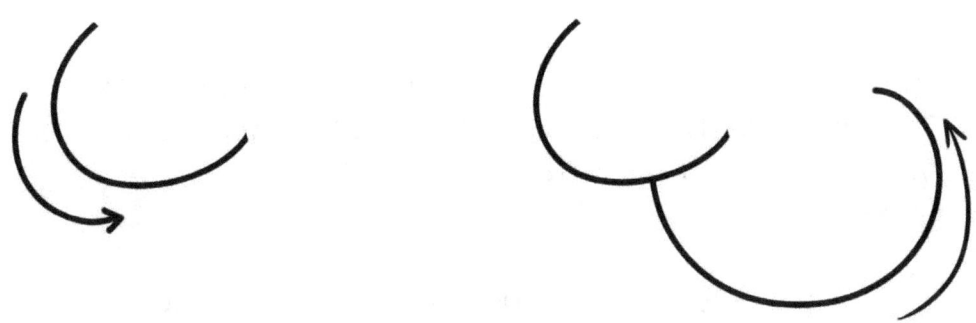

Comienza a dibujar el cuerpo del unicornio con dos formas redondeadas, una más pequeña para la cabeza y otra más grande para su cuerpo.

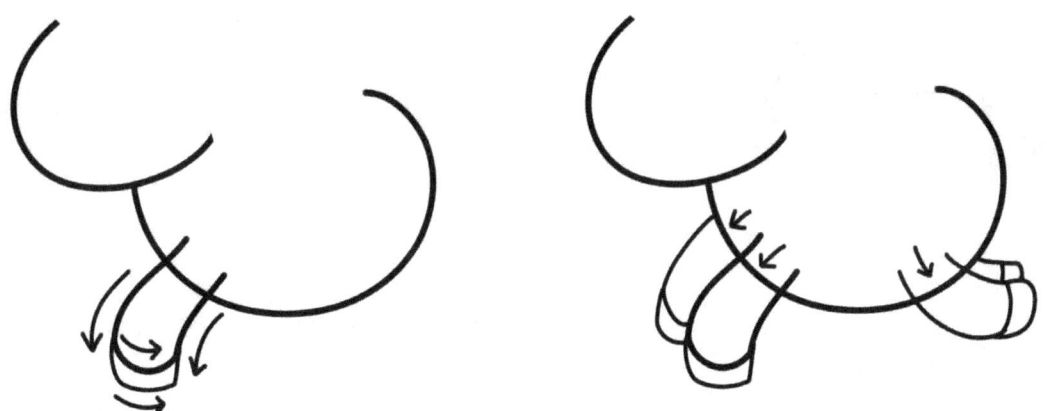

Dibuja las patas y las pezuñas del unicornio.
No olvides borrar las líneas superpuestas.

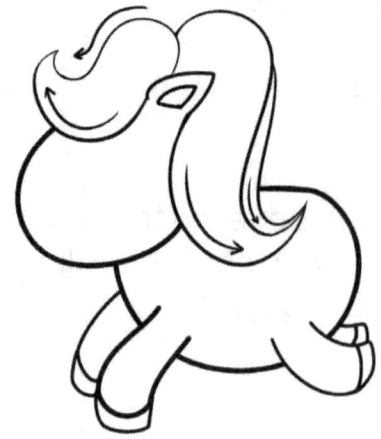 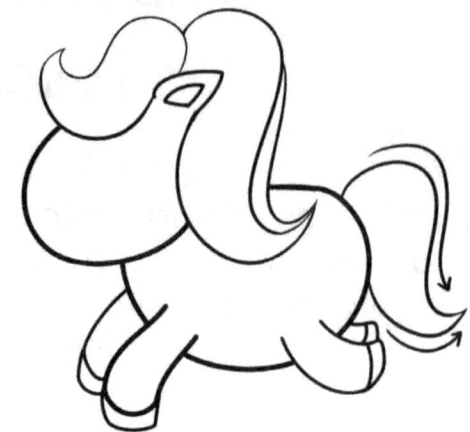

Dibuja la melena y la cola del unicornio con líneas esponjosas y curvas. Los unicornios tienen un cabello muy elegante, ¡así que no tengas miedo de hacerlo largo!

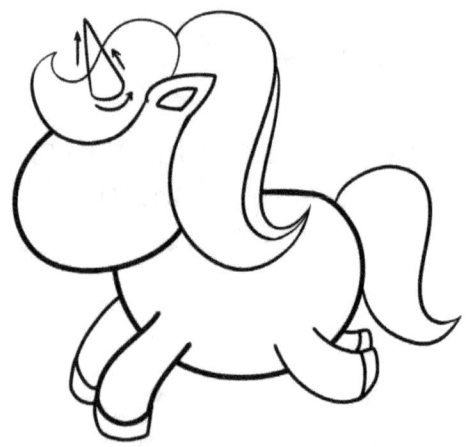

¡No te olvides del cuerno! Es la cualidad que distingue un unicornio después de todo.

Colócalo sobre su frente dibujando un cono.

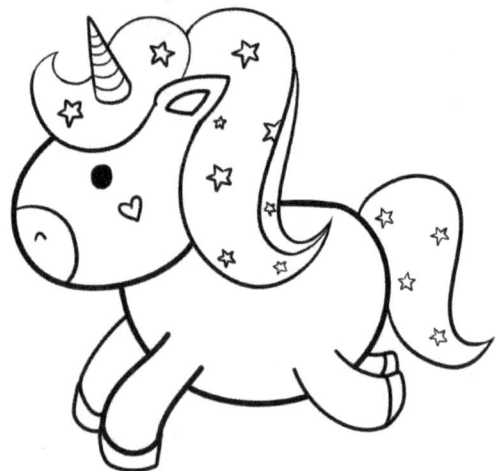

¡Termínalo con diseños y detalles kawaii!

¡Enloquece agregando varias formas como corazones, estrellas e incluso arcoíris!

¡Haz que tu unicornio se vea muy kawaii!

CRIATURAS KAWAII
SIRENAS

¡Las sirenas son una de las criaturas mágicas más populares! Son hermosos humanos con cola de pez. ¡Dibujarlos es muy fácil, ya que básicamente estamos combinando un Chibi y un pez!

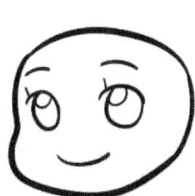 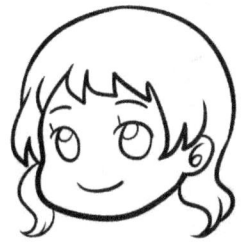

Comienza con los primeros pasos para dibujar un Chibi, que son la cabeza y sus detalles.

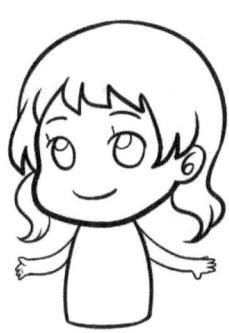 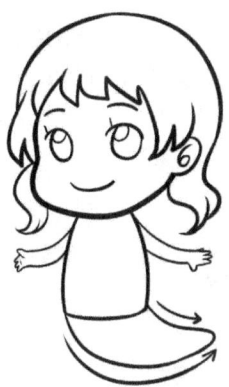

Dibuja el torso de la sirena y la cola. Sigue los mismos pasos usados para dibujar el cuerpo de un pez y dibuja la cola de tu sirena.

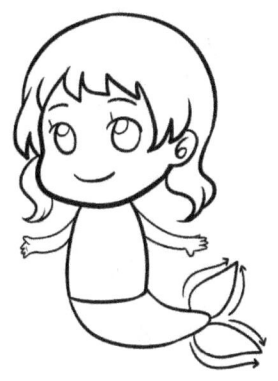

No olvides dibujar la cola también.

Puedes dibujar varias formas de colas para darle un aspecto único a tu sirena.

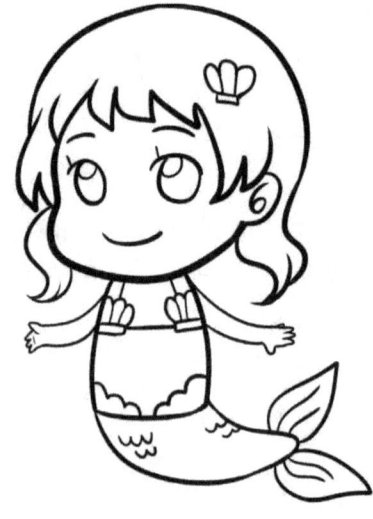

Por último, agrega los detalles de la sirena, como accesorios, detalles de cola y otros detalles que desees agregar.

¡Tu sirena está lista!

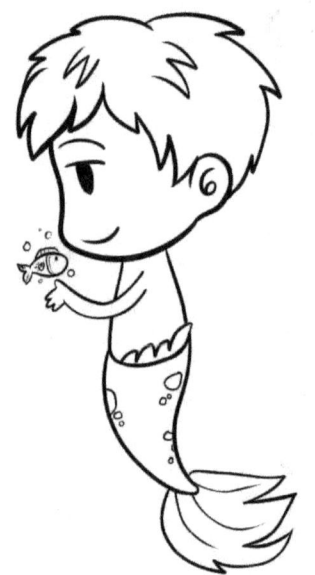

¡Sigue los mismos pasos para dibujar sirenas Chibi mirando hacia los lados!

¡Recuerda agregar varios detalles y usar diferentes formas de cola para que se vean únicos!

¡No tengas miedo de agregar muchos detalles y accesorios! ¡Incluso puedes hacer que las orejas de la sirena sean puntiagudas, dibujar algo de ropa y ponerle varios diseños en el cabello y cuerpo!

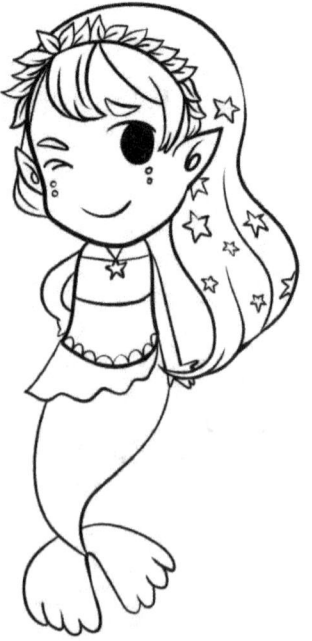

CRIATURAS KAWAII
PEGASO

¡Los pegasos son criaturas mágicas que están estrechamente relacionadas con los unicornios por su similitud a los caballos! ¡La diferencia es que un Pegaso tiene alas! Usaremos los mismos pasos que cuando dibujamos el unicornio.

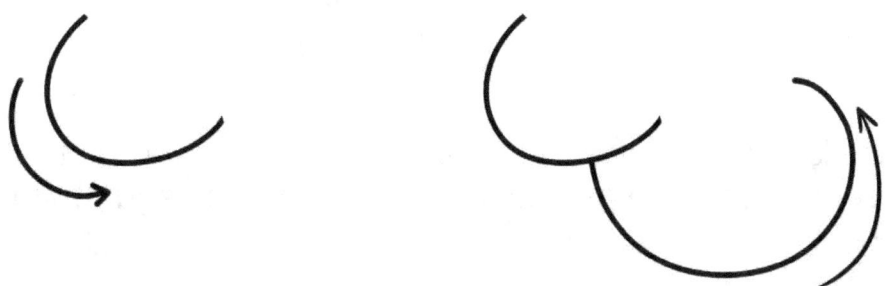

Comienza a dibujar el cuerpo de Pegaso con dos formas redondeadas, una más pequeña para la cabeza y otra más grande para su cuerpo.

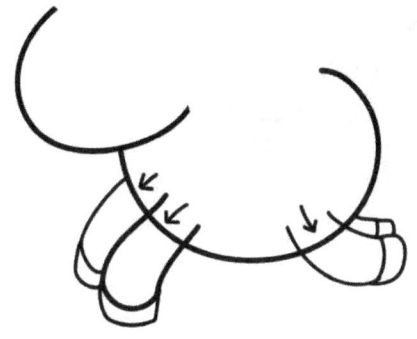

Agrega las patas y las pezuñas también.

No olvides borrar las líneas superpuestas.

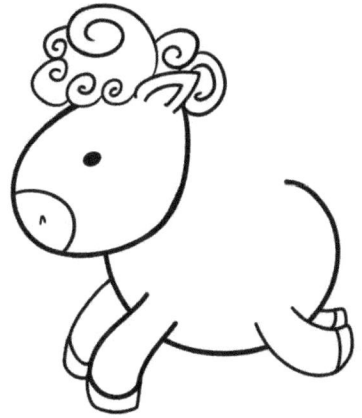

Añade la melena del Pegaso. Puedes diseñarlo según tu preferencia.

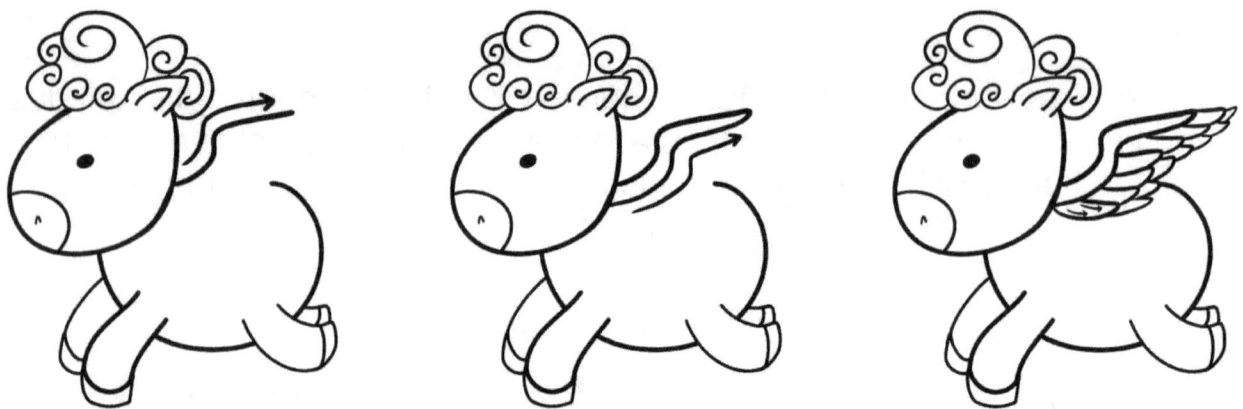

¡Dibuja las alas del Pegaso, que es la característica más distintiva de su cuerpo! ¡Puedes hacerlo más ancho o más pequeño según tu preferencia!

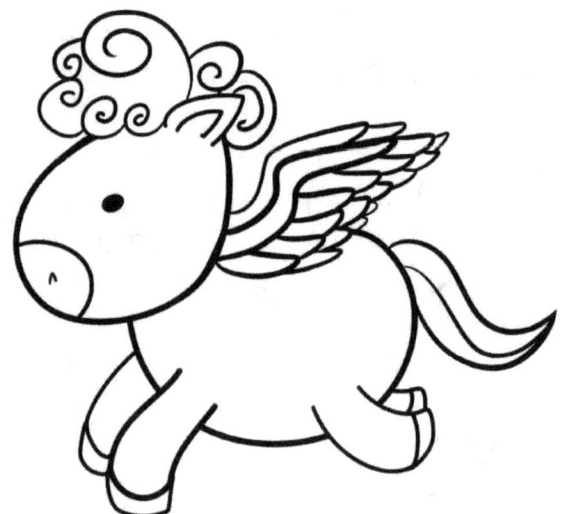

Agrega los detalles finales a tu Pegaso y ¡ya está!

CRIATURAS KAWAII
HADAS

Las hadas también son criaturas mágicas muy populares. Básicamente son criaturas similares a humanos, pero con alas y generalmente se representan muy cerca de la naturaleza. Las hadas tienen las mismas características corporales de los humanos, por lo que se siguen los mismos pasos para dibujar Chibis.

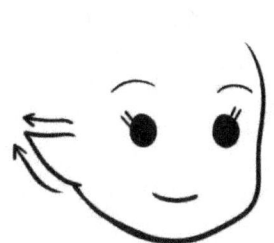 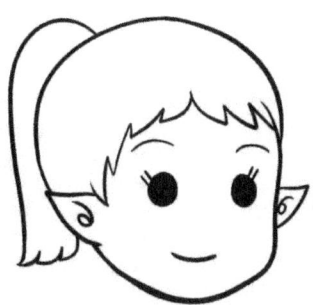

Comienza con los mismos pasos que harías al dibujar un Chibi humano, pero asegúrate de que las orejas sean puntiagudas.

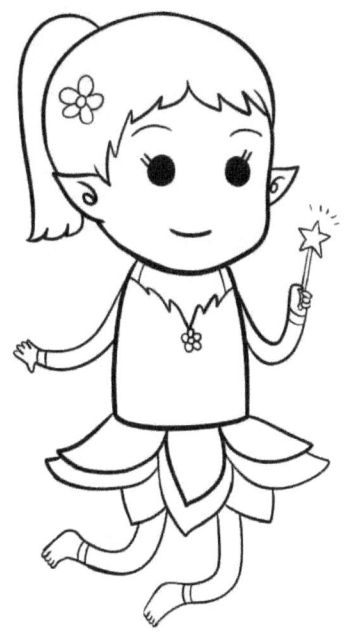

Al diseñar prendas de vestir de hadas, asegúrese de incorporar temas relacionados con la naturaleza, como flores y hojas.

¡No olvides sus varitas también!

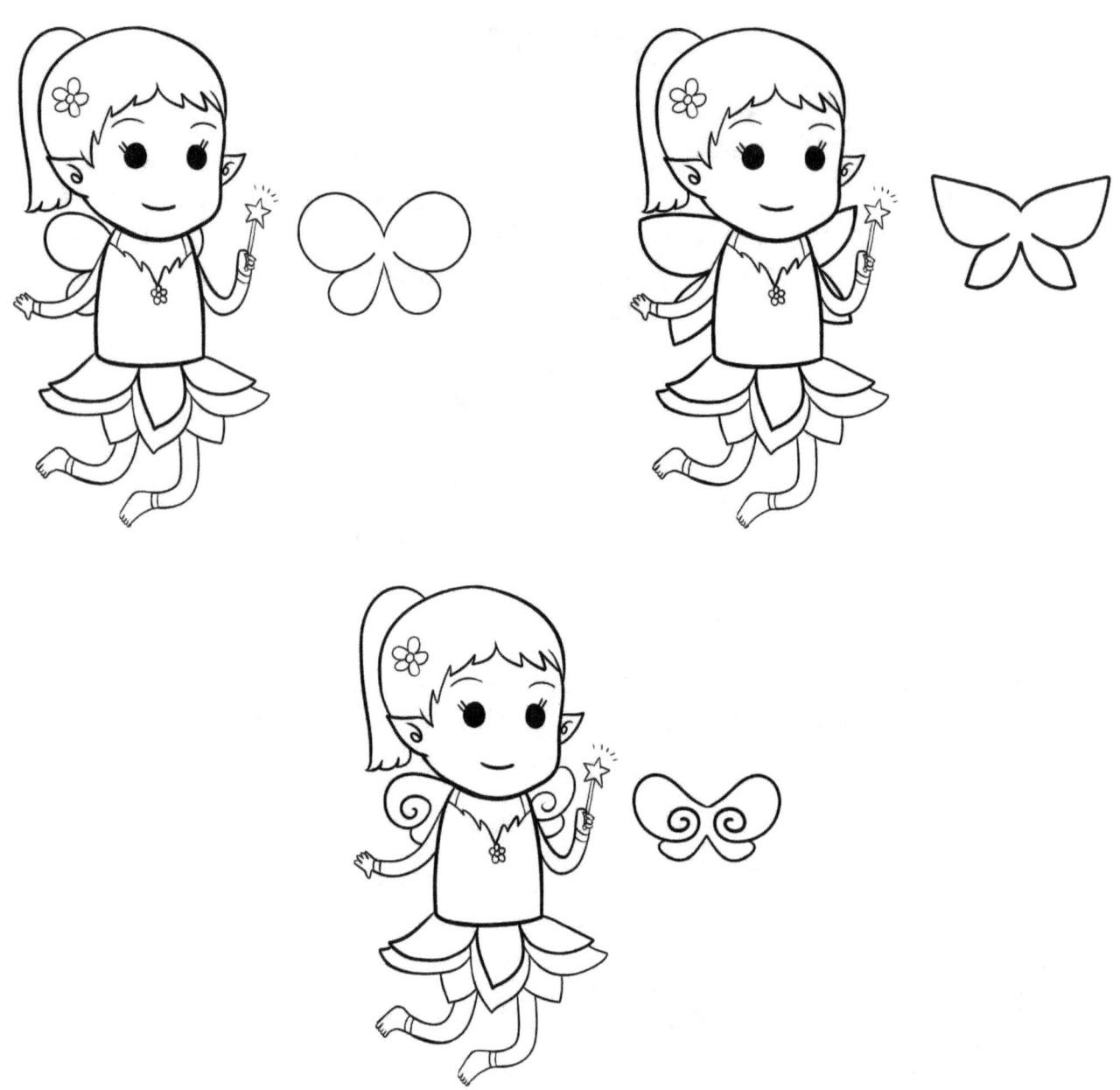

¡Puedes elegir entre una variedad de formas de alas!
¡Asegúrate de elegir uno que se adapte a tu gusto!

CRIATURAS KAWAII
DRAGÓN

¡Los dragones son conocidos por ser criaturas feroces! ¡Son grandes, dan miedo e incluso expulsan fuego! Pero para este tutorial, ¡los haremos kawaii!

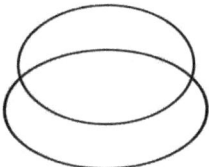 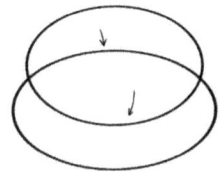 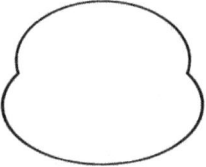

Comencemos con la cabeza del dragón dibujando dos óvalos uno encima del otro. Uno debe ser más grande que el otro. Recuerda borrar las líneas superpuestas para que obtengamos la forma para la cabeza del dragón.

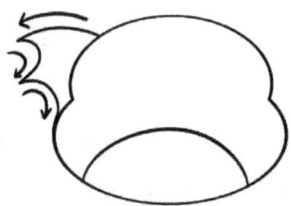

Luego, ¡dibuja las orejas del dragón!

¡Parecen alas de murciélago! También puedes dibujarlas puntiagudas.

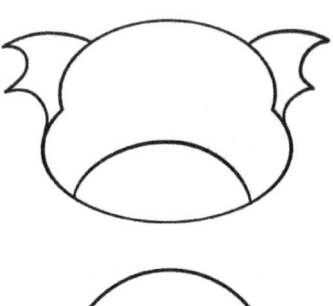 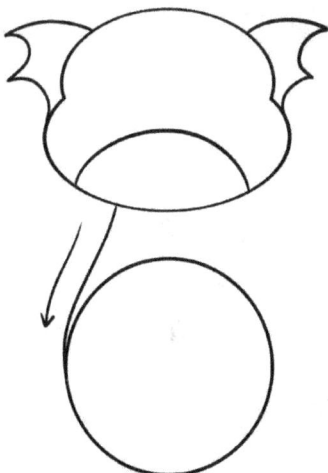

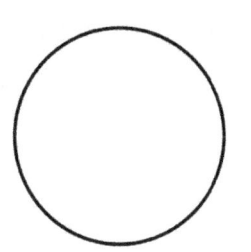

Crea el vientre del dragón dibujando un círculo debajo de la cabeza. Conecta la cabeza y el vientre con una línea inclinada, asegúrate de hacer esto en ambos lados.

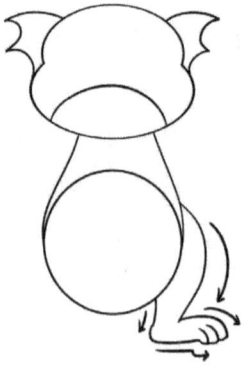 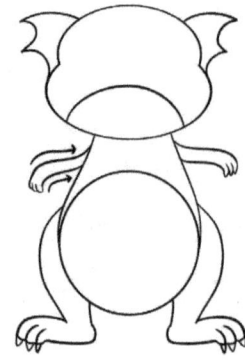

Lo siguiente que vamos a dibujar, son las piernas y los brazos del dragón.

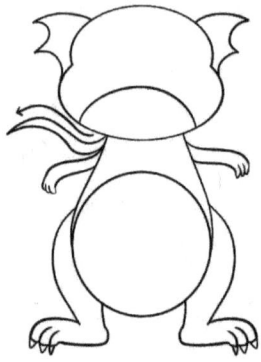 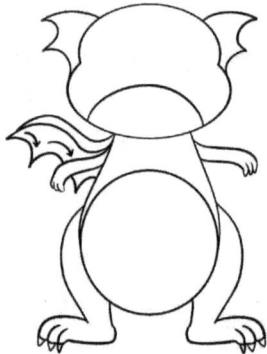 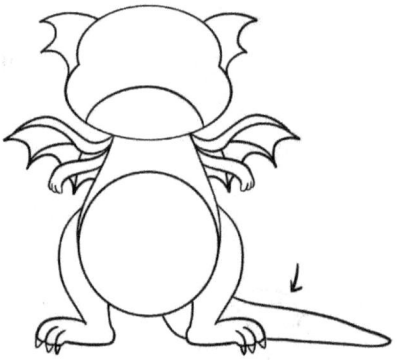

Luego dibuja las alas del dragón que son ¡un par de alas como de murciélago!
¡Dibuja también una cola grande y larga detrás de él!

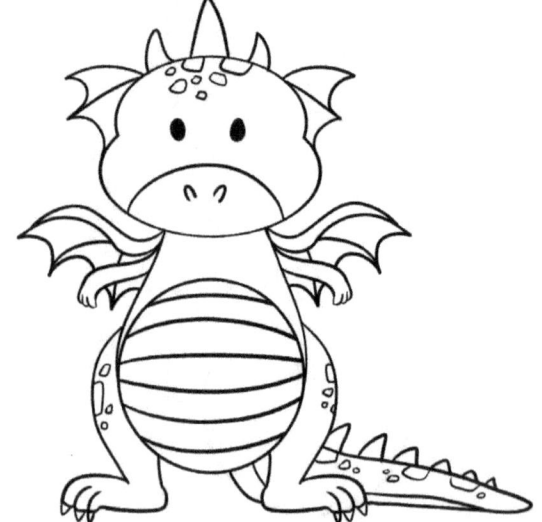

Por último, ¡termina tu dragón kawaii agregando detalles como patrones de piel, cuernos y garras!

¡Haz que tu dragón sea lo más lindo posible para que nadie se asuste con él!

OBJETOS KAWAII
COSAS DE CHICOS

1. RELOJ

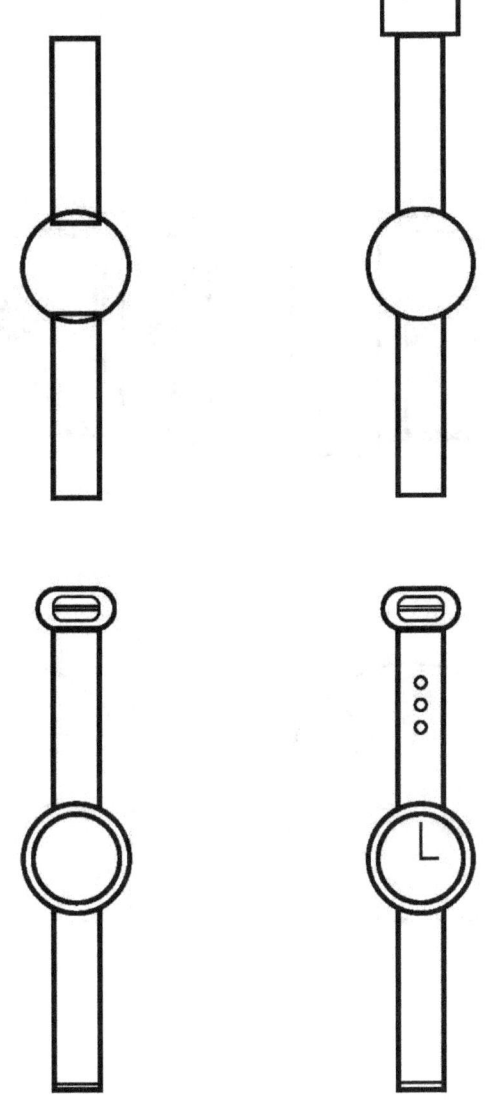

2. CONSOLA DE JUEGOS

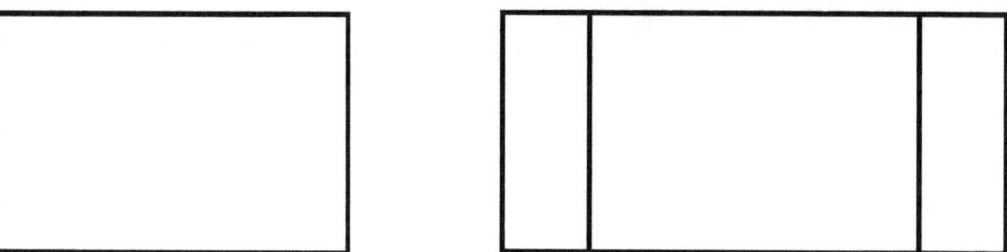

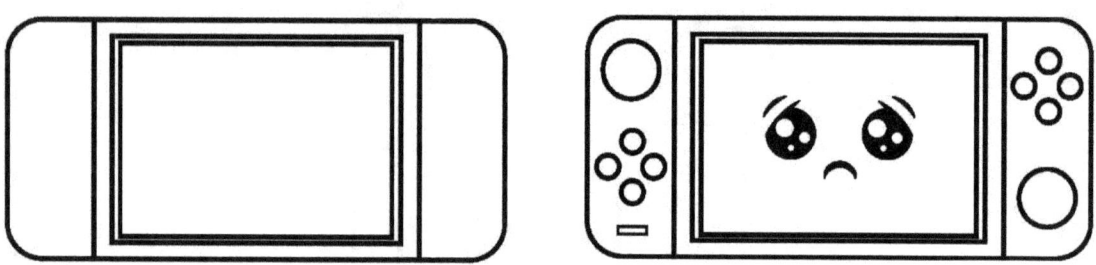

3. GORRO

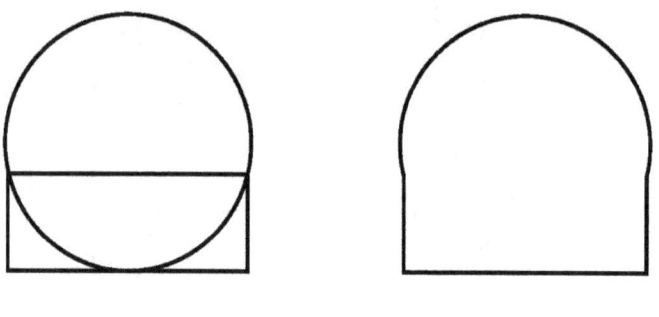

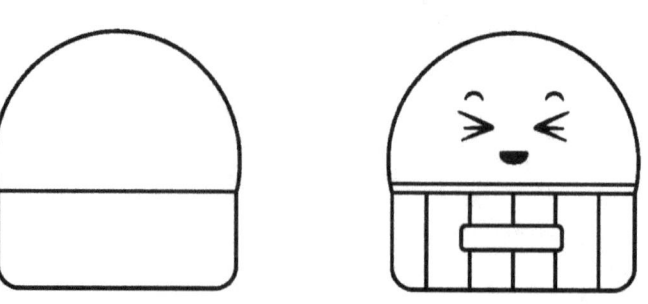

4. MOCHILA

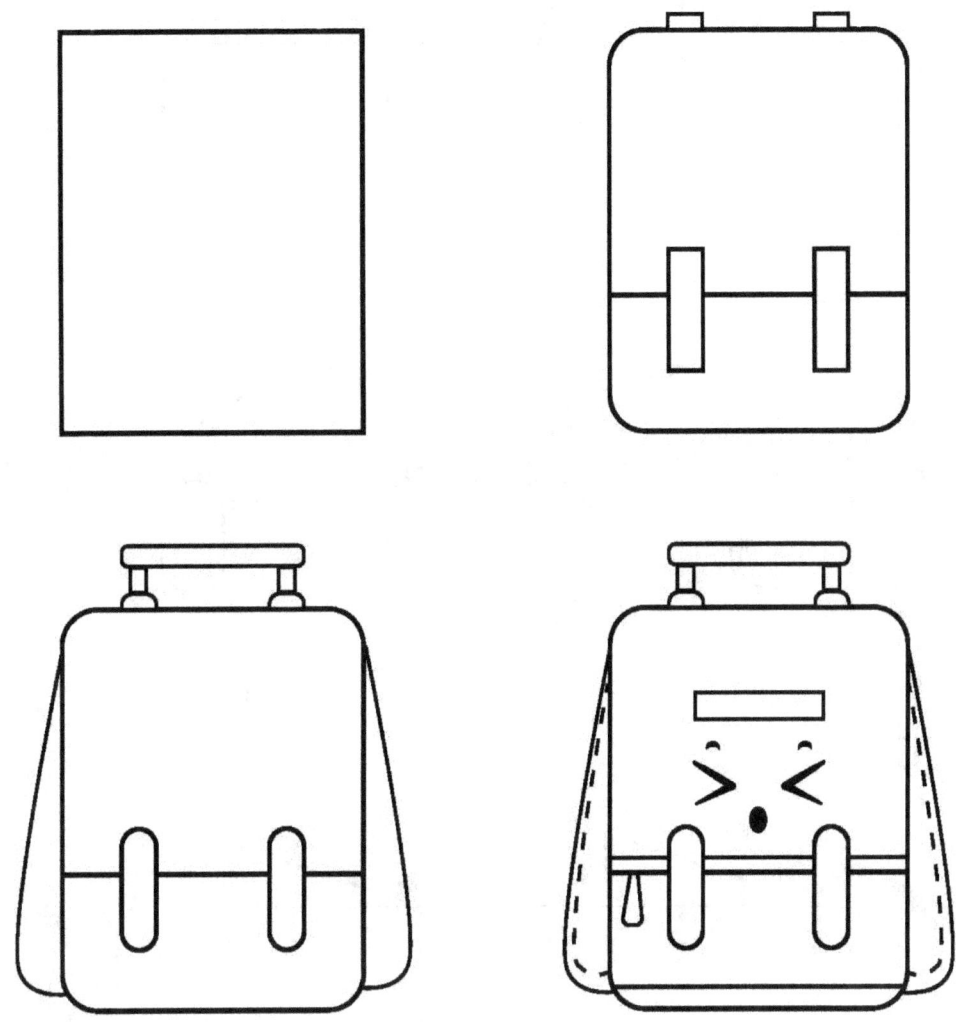

5. AURICULARES

6. BILLETERA

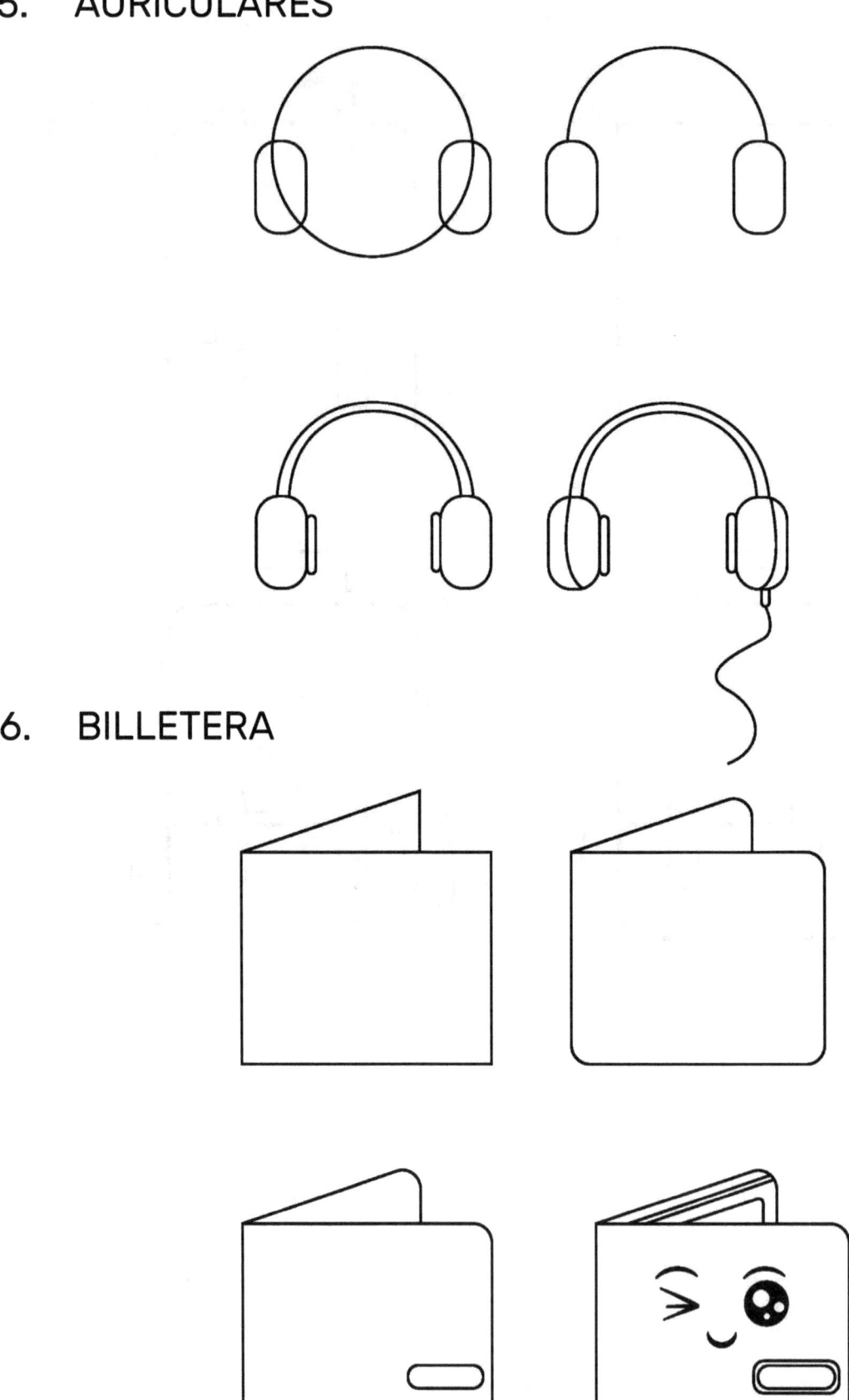

7. CANTIMPLORA

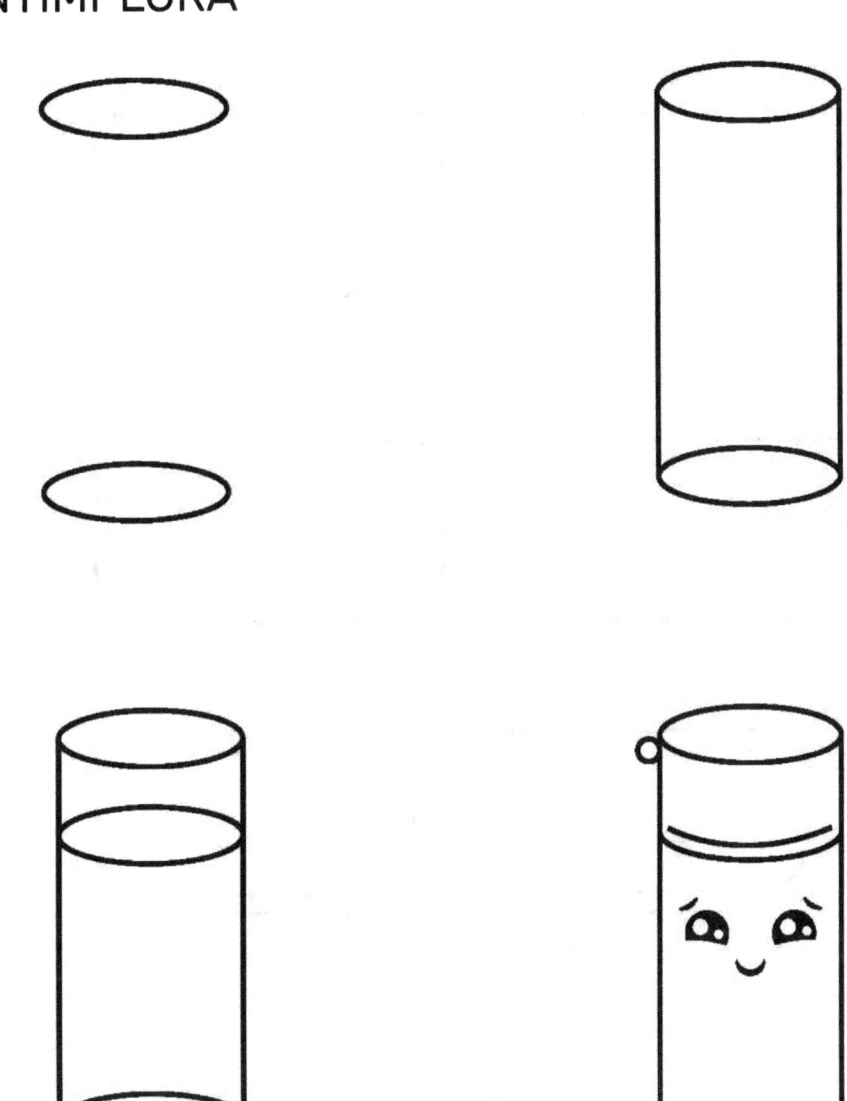

8. ANTEOJOS

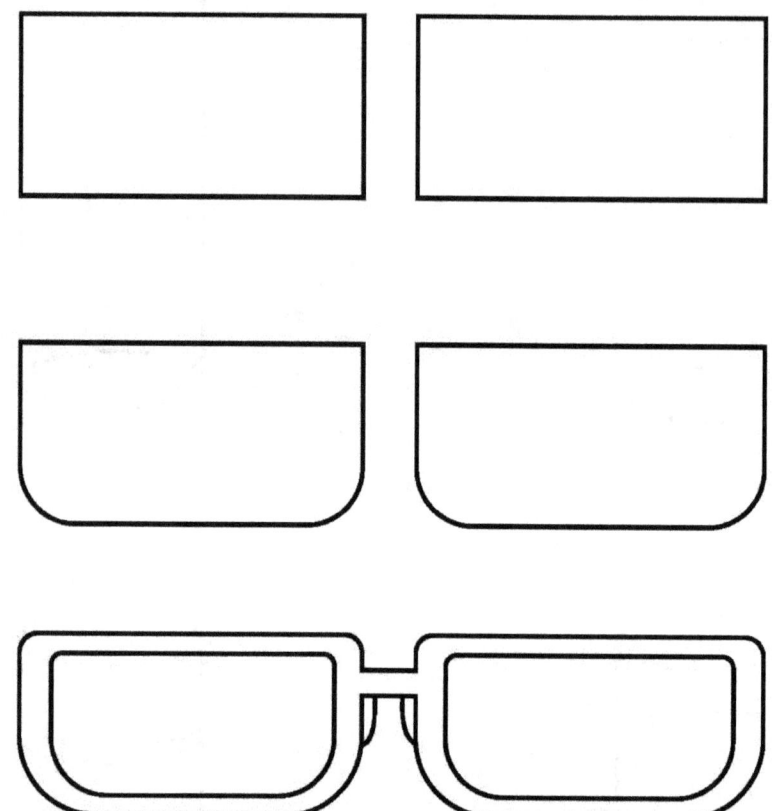

9. REPRODUCTOR DE MÚSICA

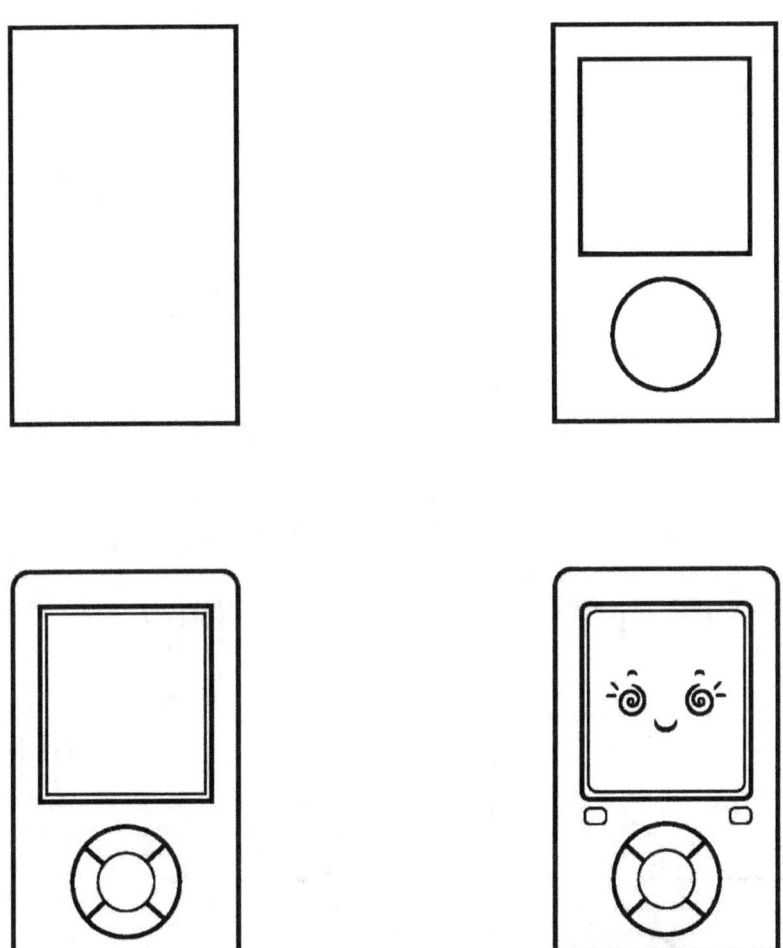

10. CALCETINES

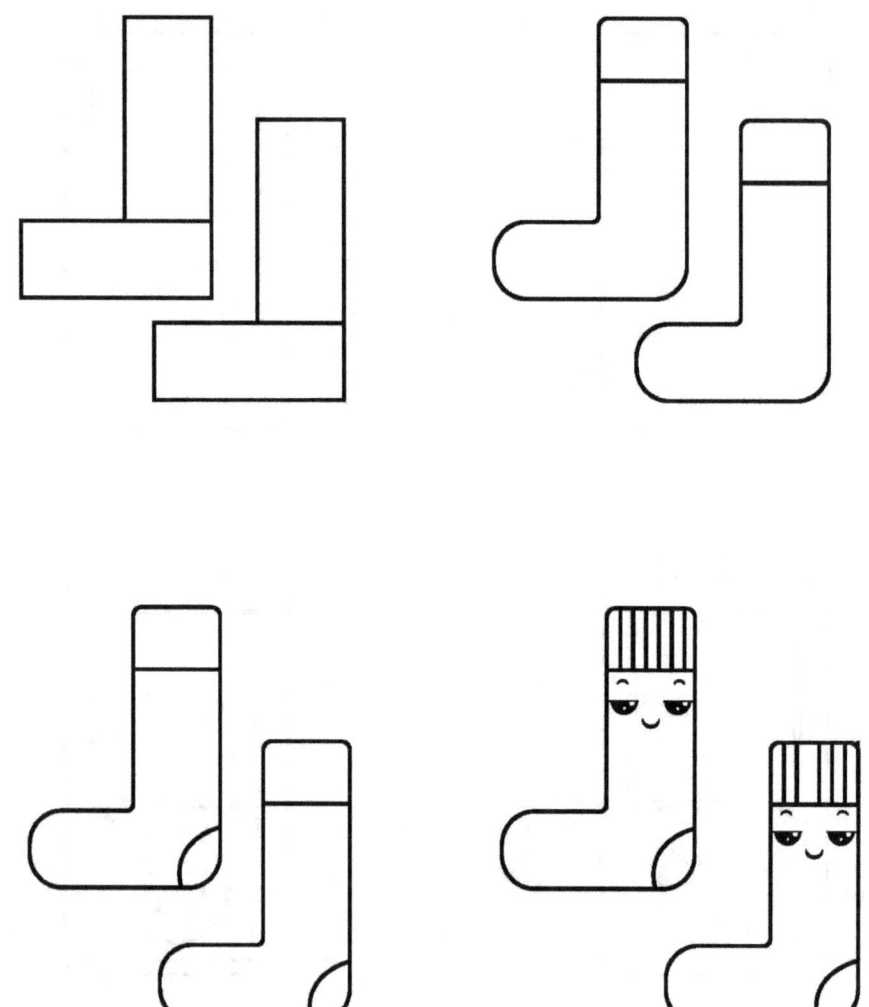

OBJETOS KAWAII
COSAS DE CHICAS

¡Los objetos Kawaii son muy fáciles de dibujar! Dado que la regla en el dibujo tierno es simplificar todos los detalles, utilizaremos las formas más básicas y luego ajustaremos algunos detalles para que sea más fácil.

1. CARTERA

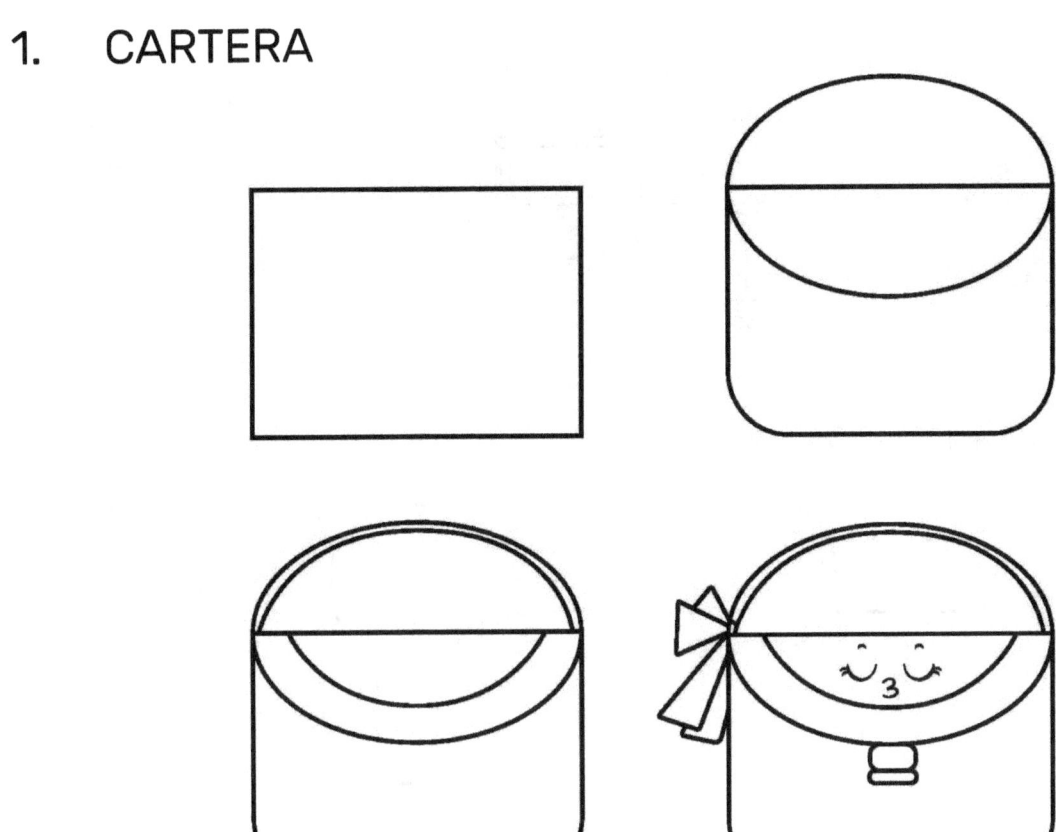

2. ARTÍCULOS DE MAQUILLAJE

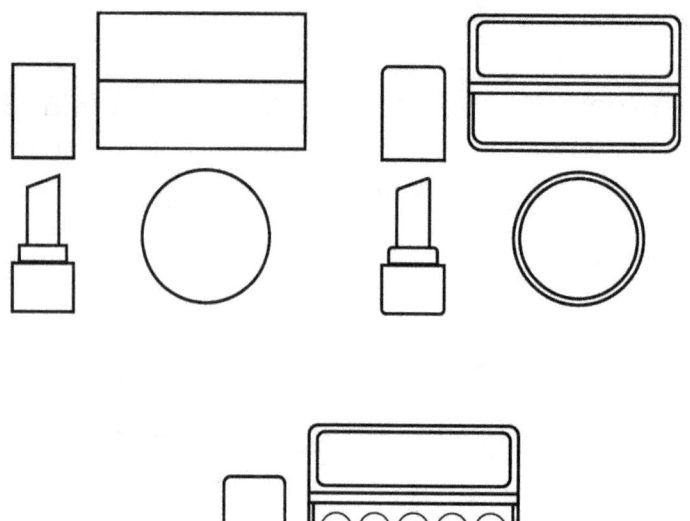

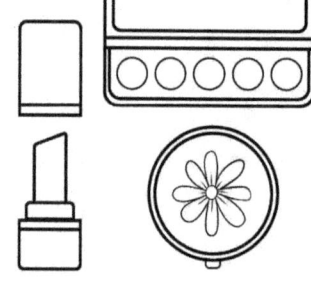

3. SECADOR DE CABELLO

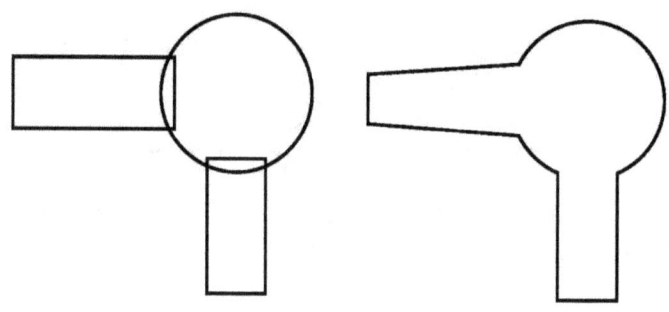

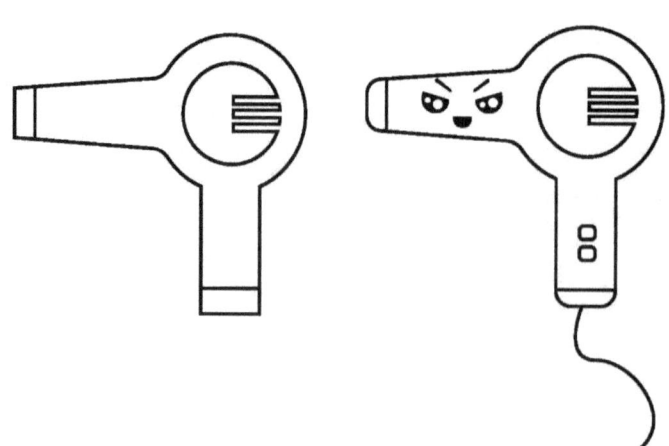

4. TELÉFONO MÓVIL

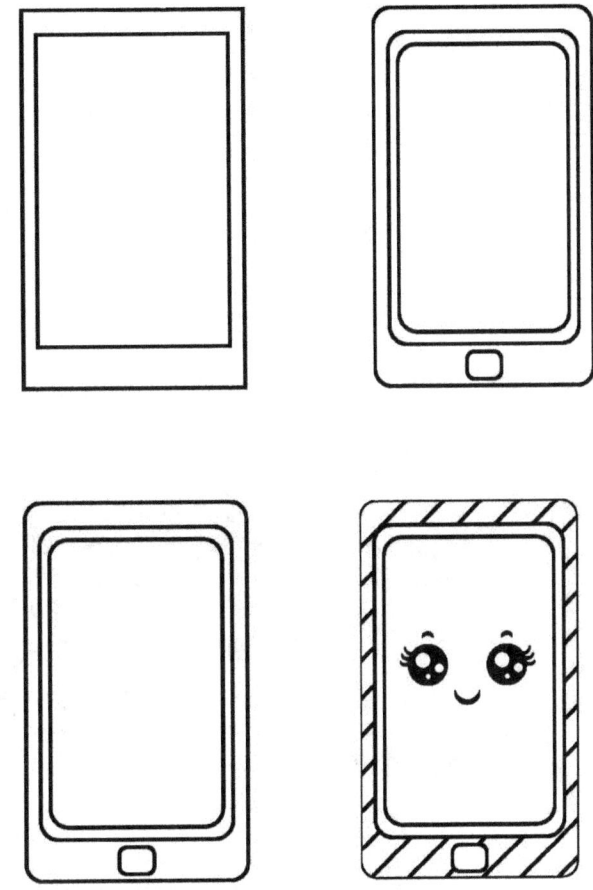

5. PERFUME

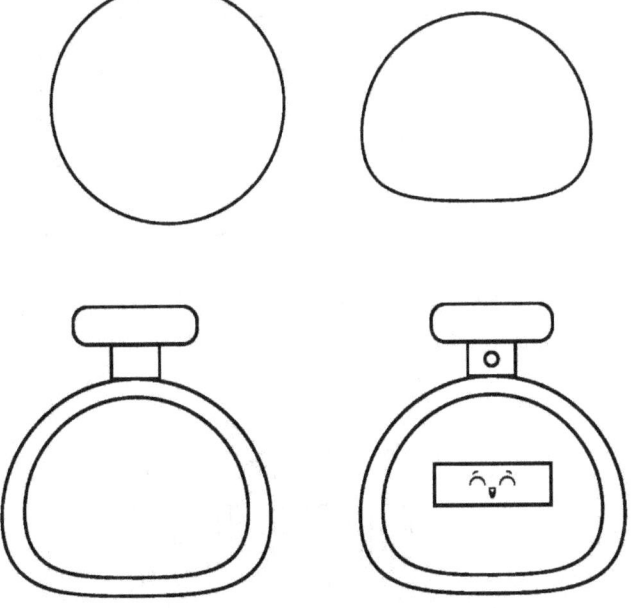

6. PINZAS Y ELÁSTICOS PARA EL CABELLO

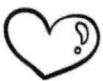

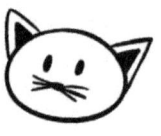
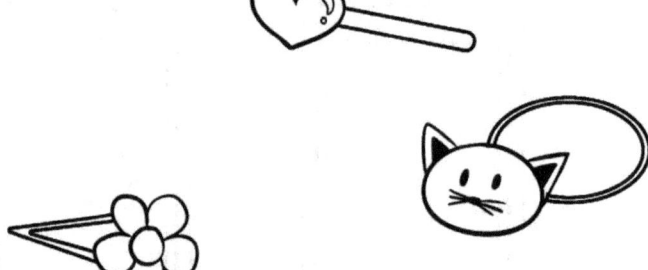

7. PEINE

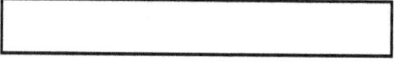
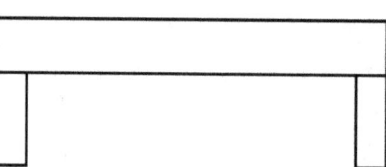
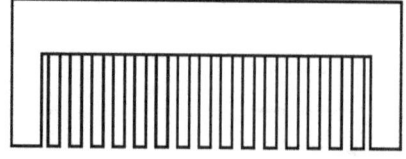
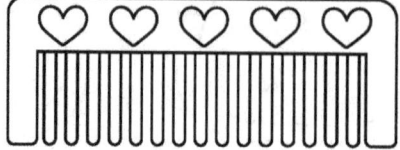

8. CÁMARA

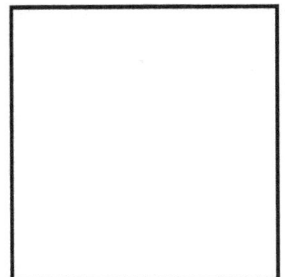 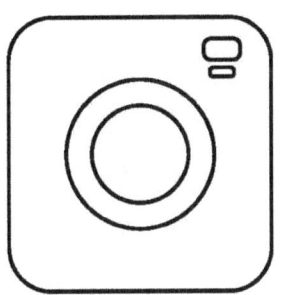

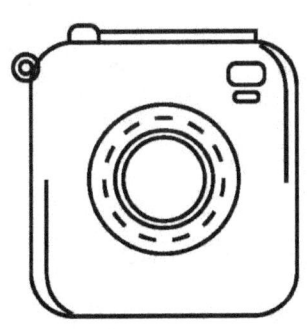 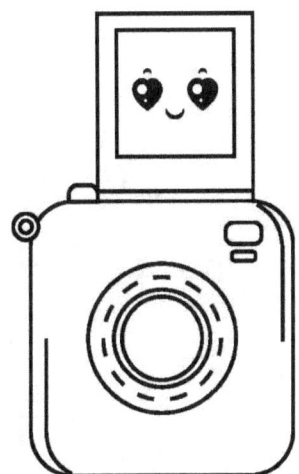

9. BILLETERA

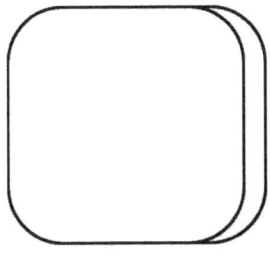 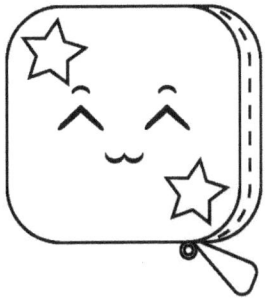

10. GAFAS DE SOL

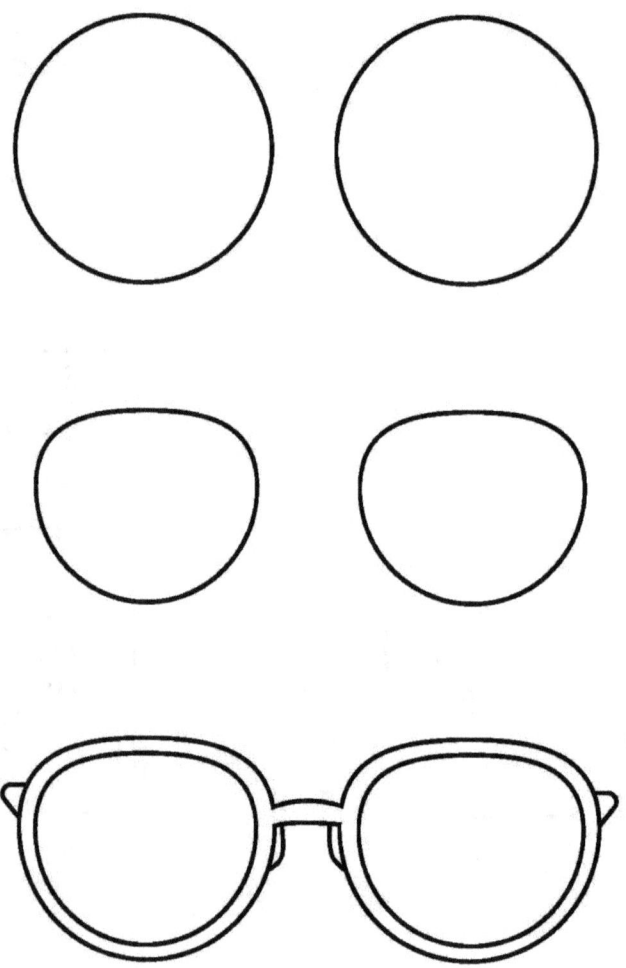

OBJETOS KAWAII
COSAS DE LA ESCUELA

1. CUADERNOS

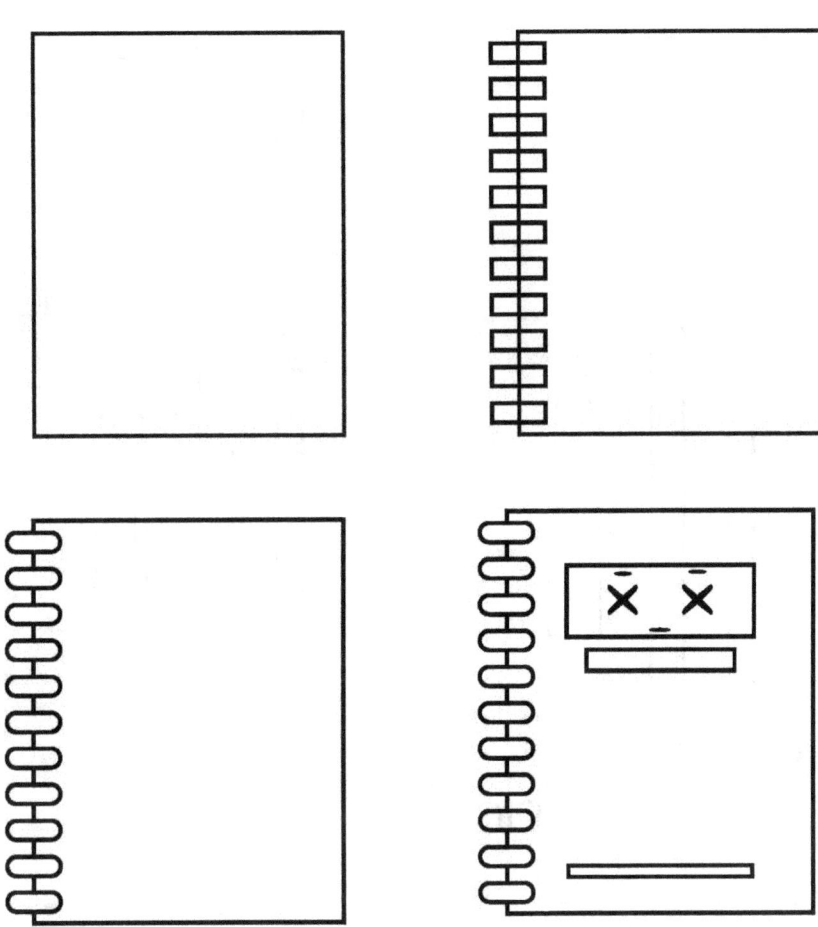

85

2. BOLÍGRAFOS

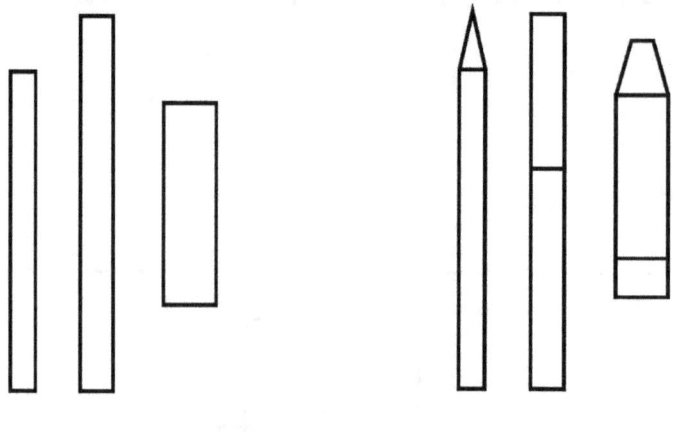

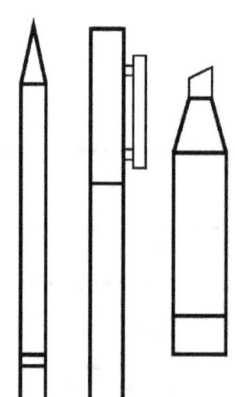 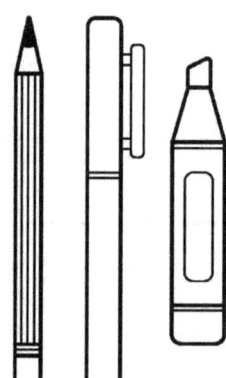

3. ESTUCHE PARA LÁPICES

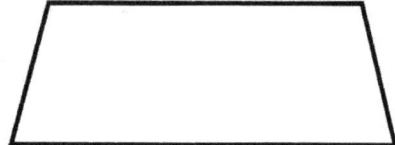 

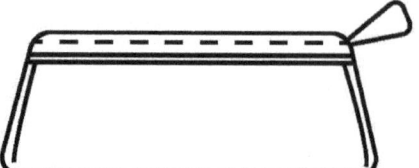 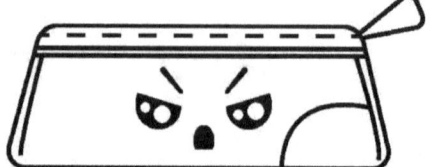

4. MOCHILA

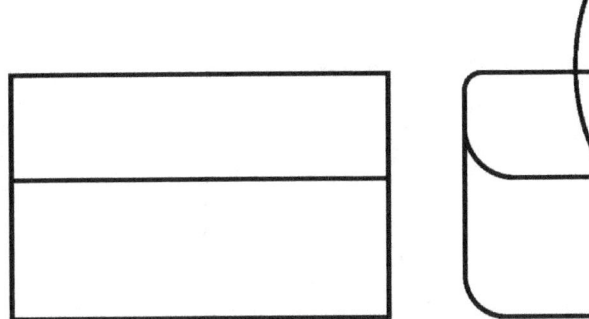

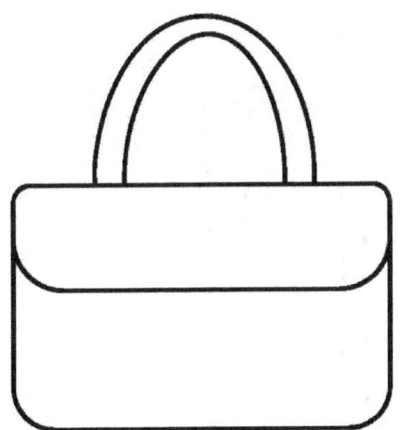 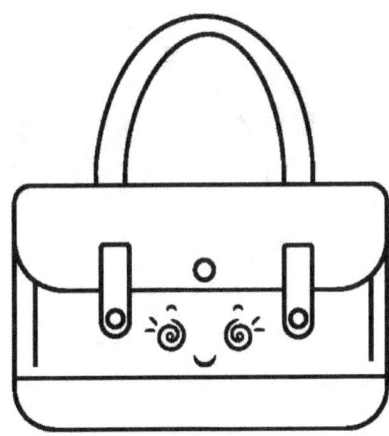

5. CALCULADORA

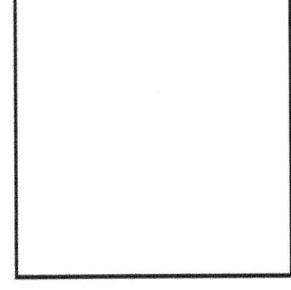 

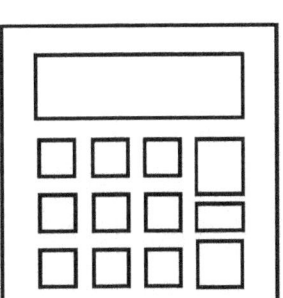 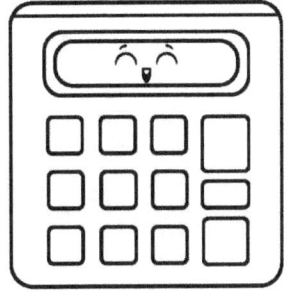

6. SUMINISTROS DE ARTE

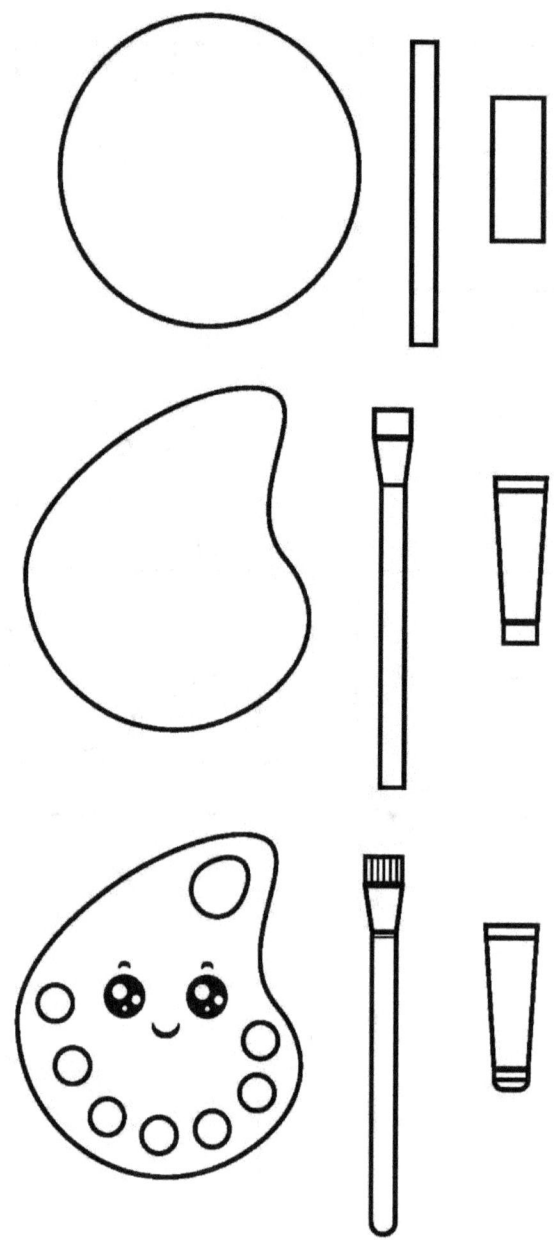

7. PEGAMENTO

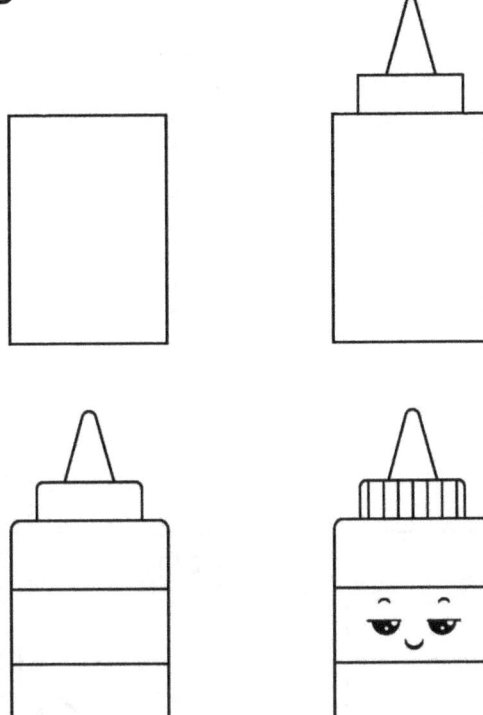

8. LONCHERA

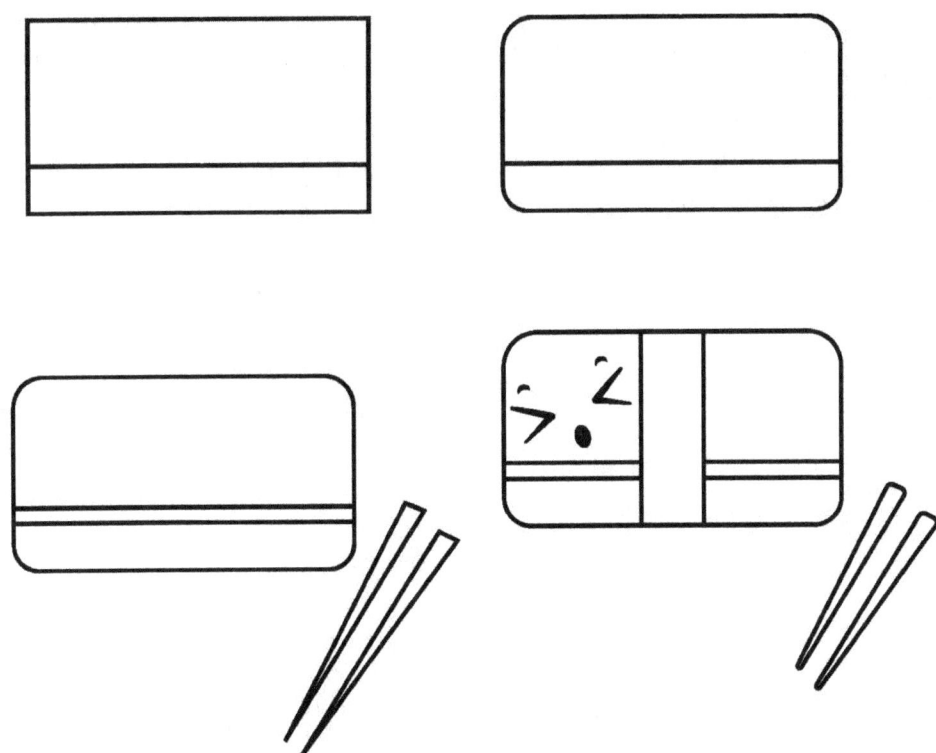

9. DIARIO

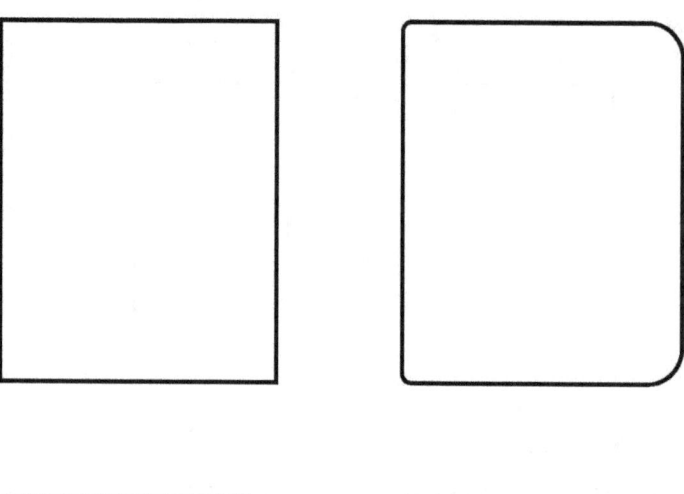

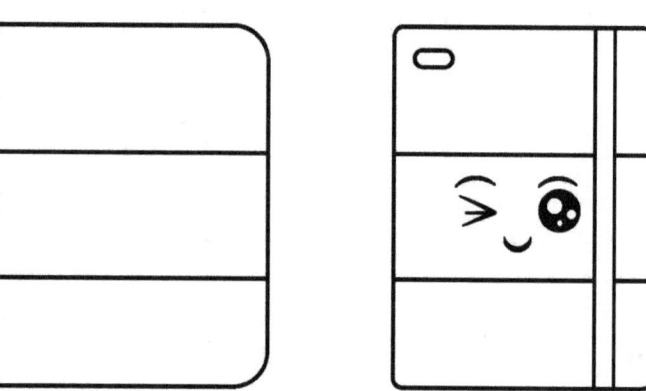

10. TIJERAS

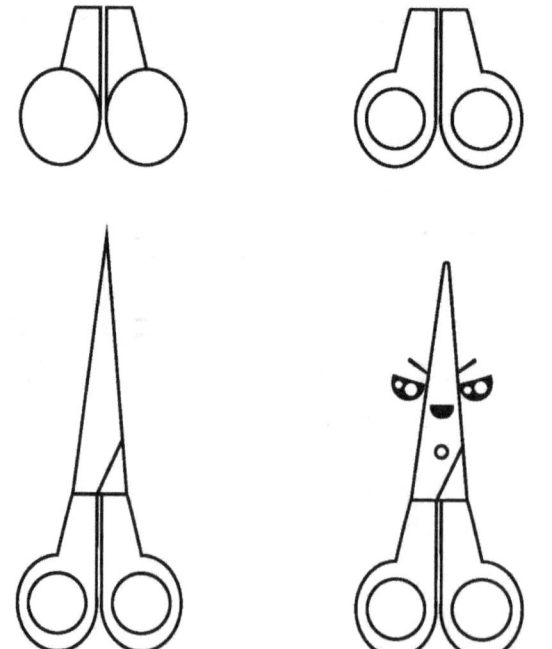

OBJETOS KAWAII
MUEBLES

1. CAMA

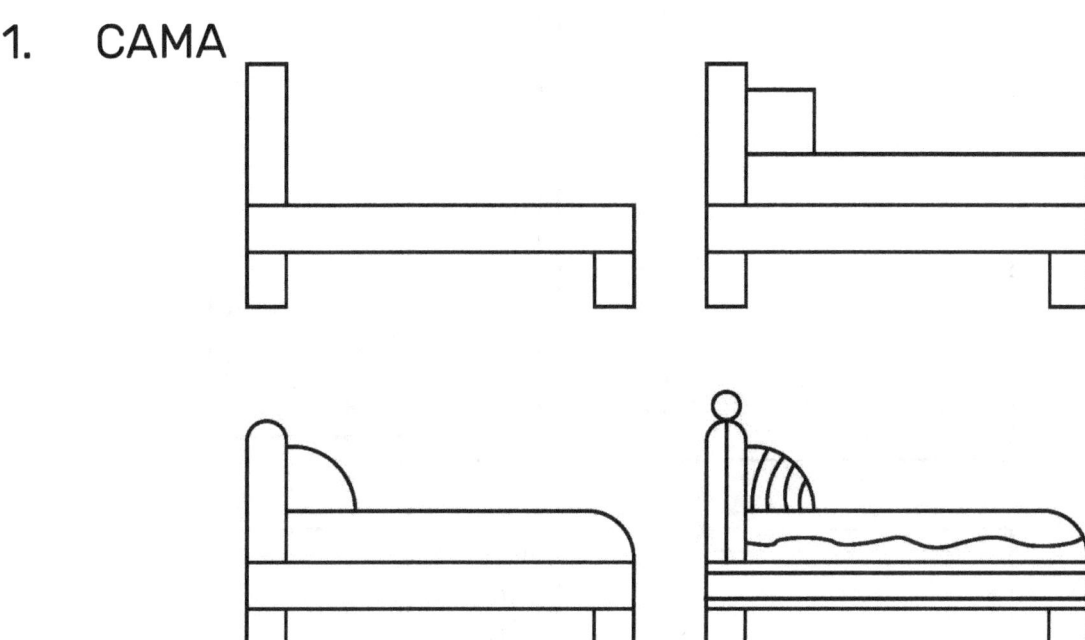

2. TOCADOR

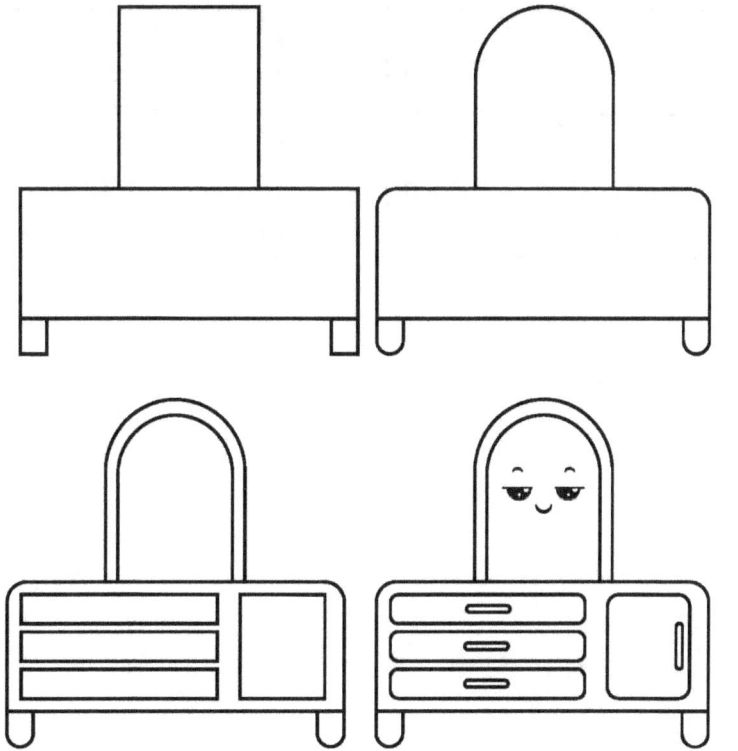

3. ESTANTERÍA

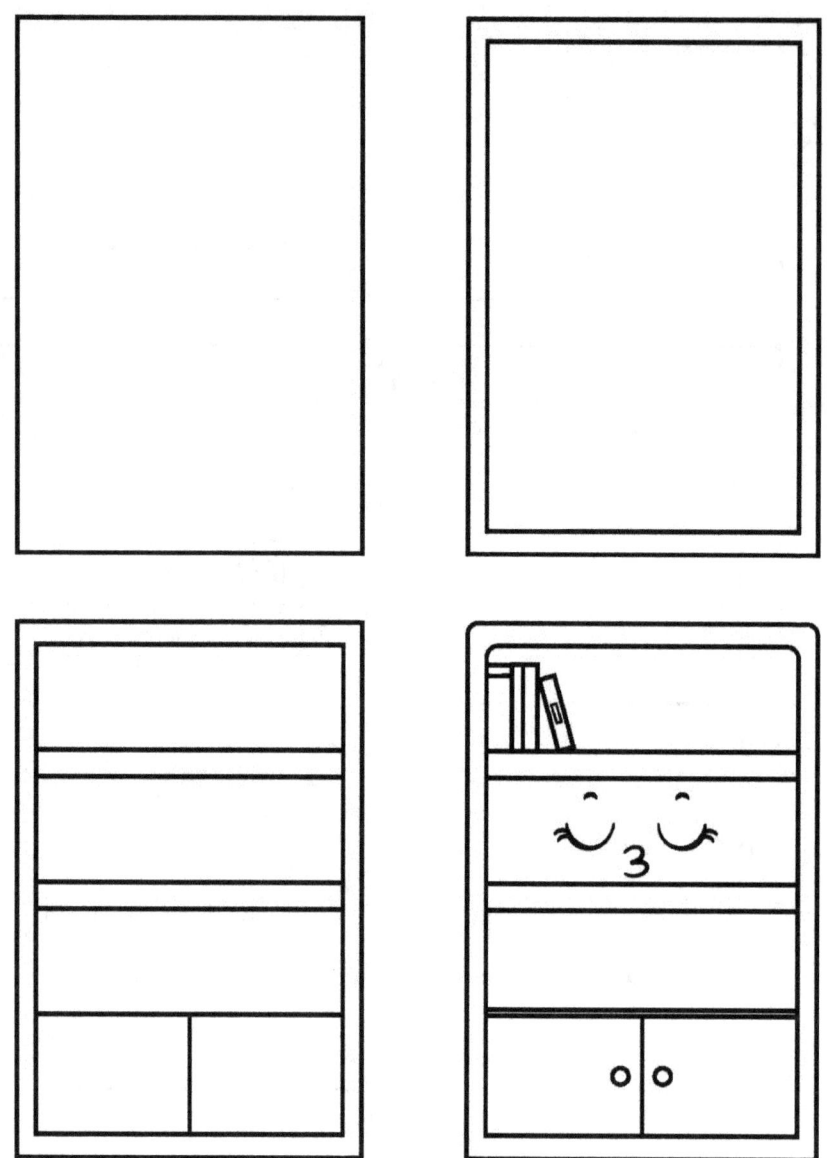

4. ARMARIO

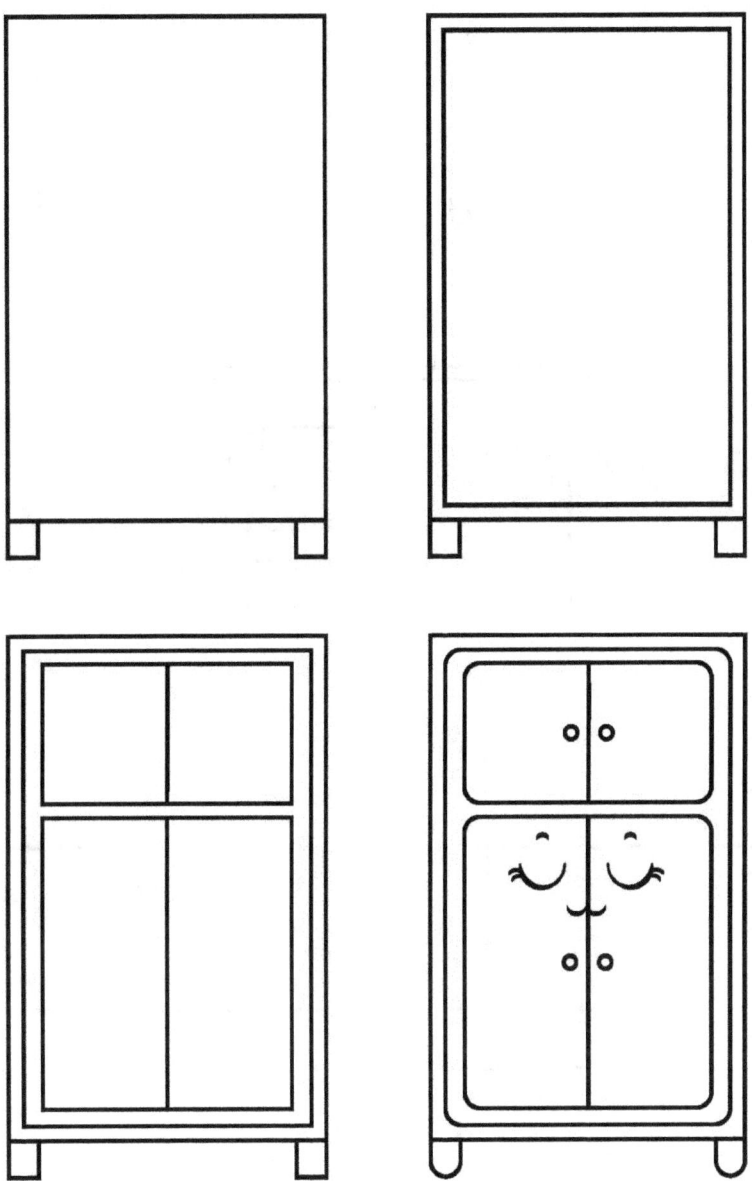

5. ESCRITORIO

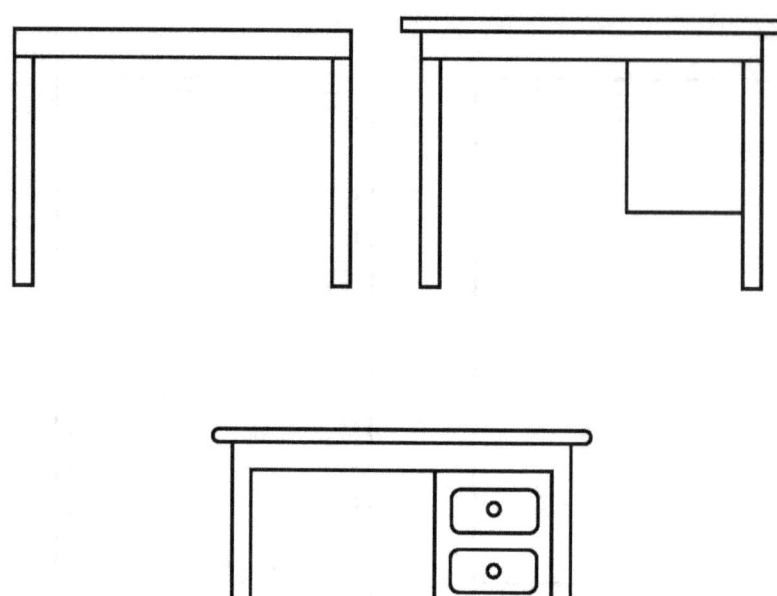

6. SOFÁ

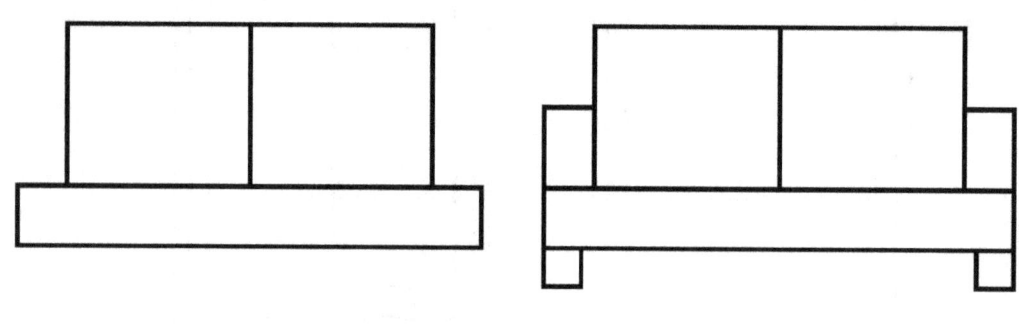

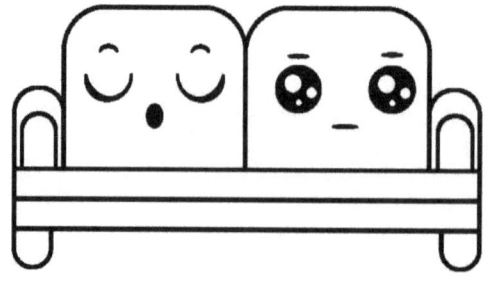

7. ESPEJO

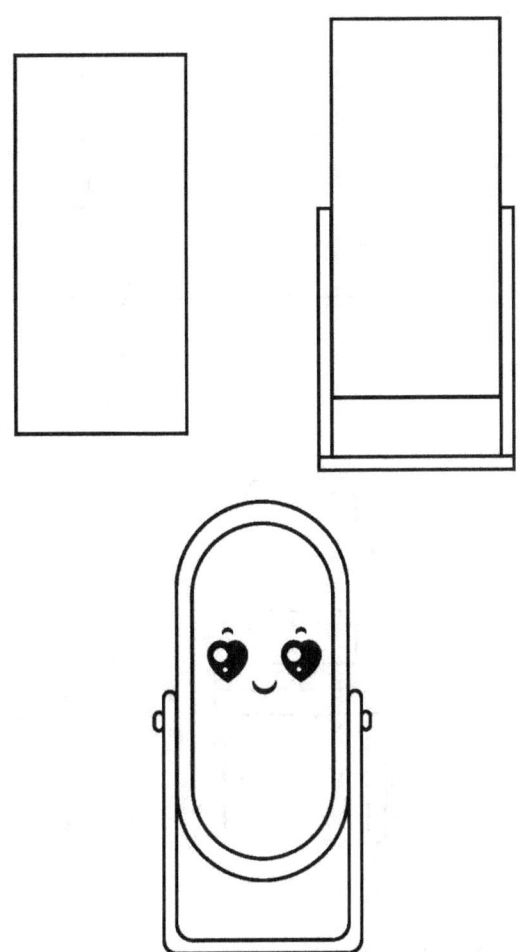

8. MESA

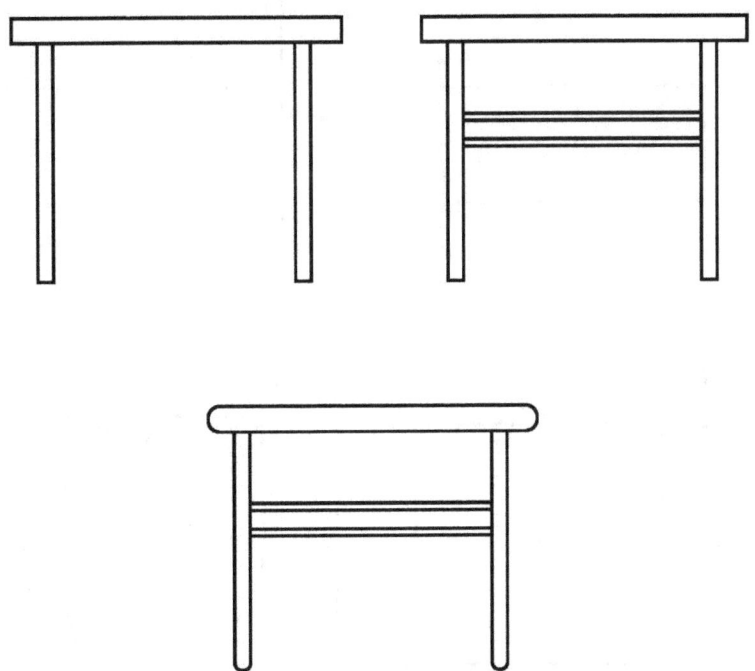

9. SILLA

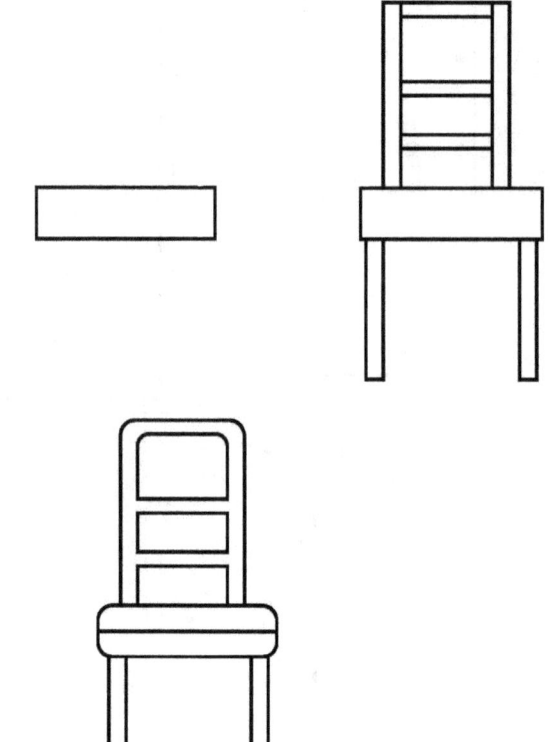

10. CUNA DE BEBÉS

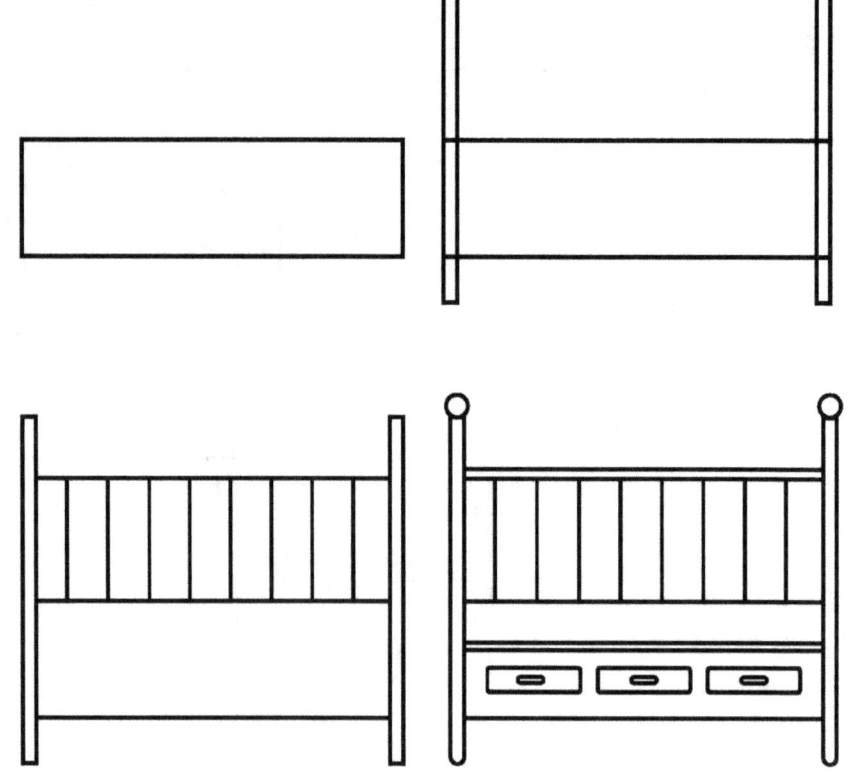

OBJETOS KAWAII
COSAS DE LA COCINA

1. CAZUELA

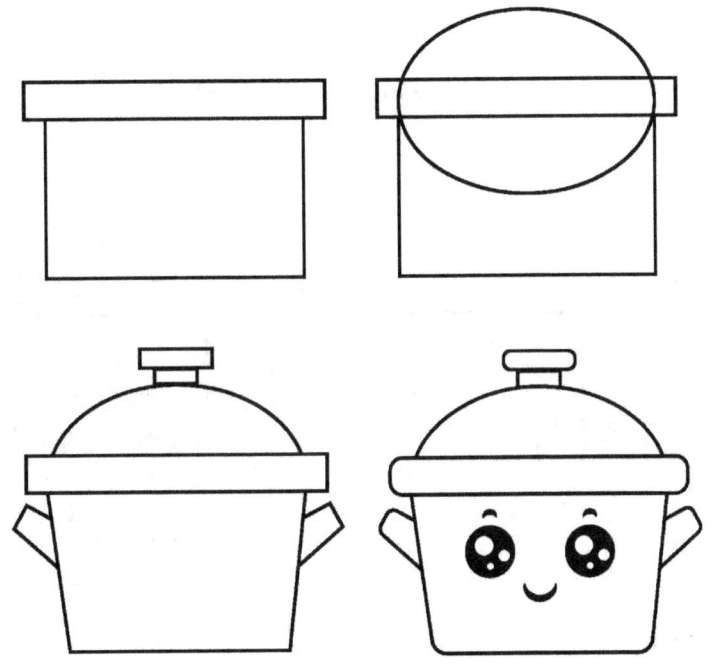

2. HERVIDOR DE AGUA

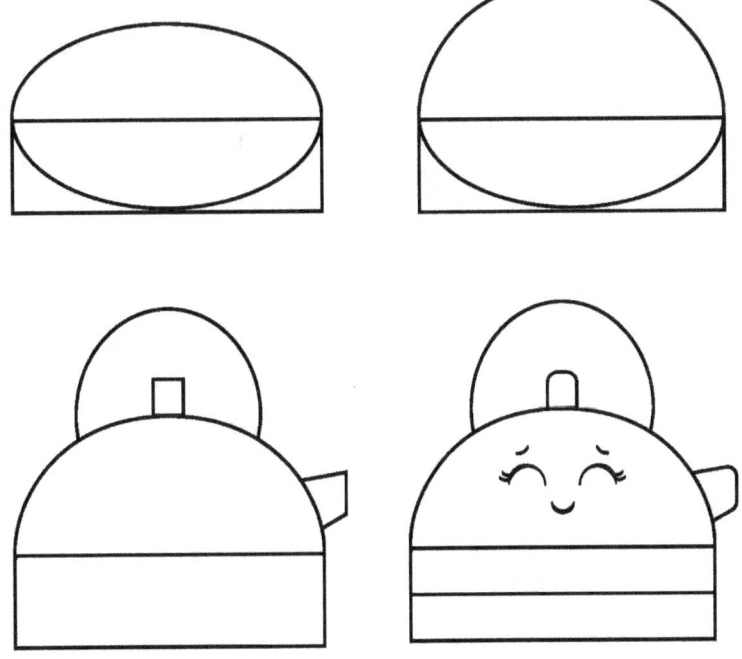

3. MEZCLADOR

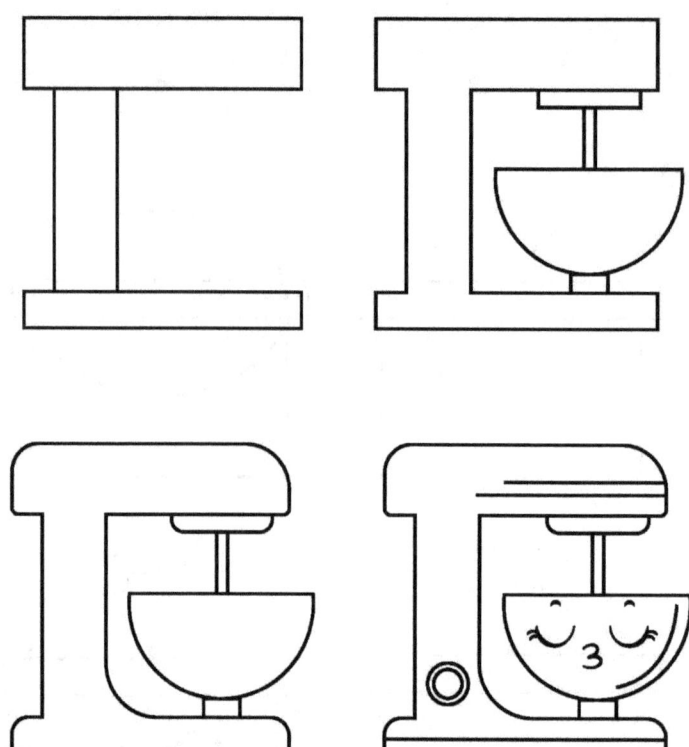

4. LICUADORA

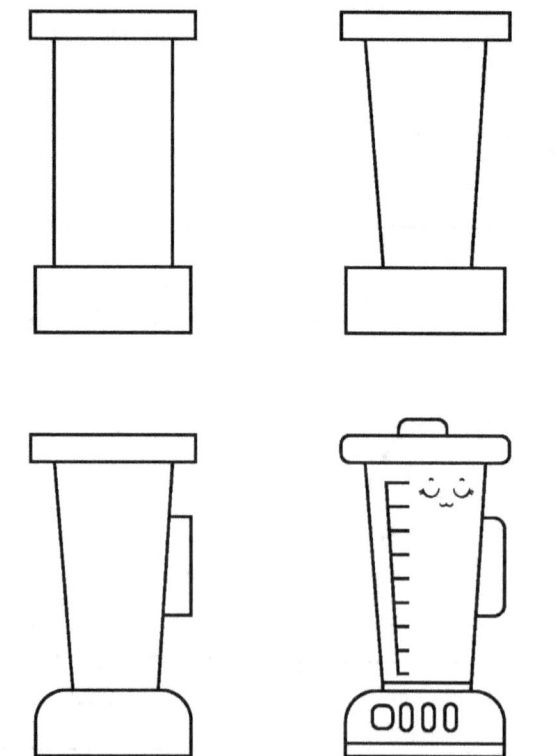

5. SARTÉN

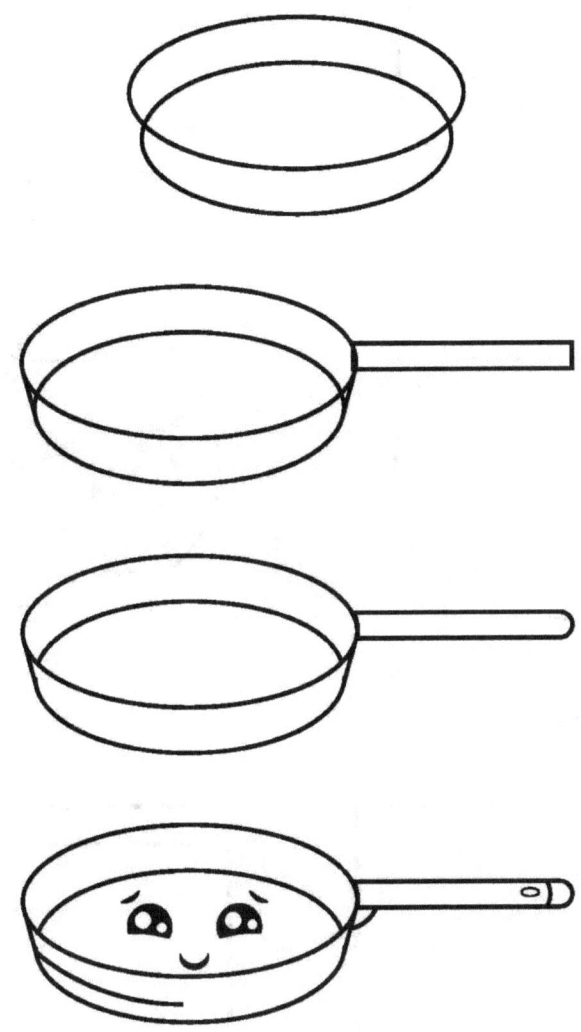

6. CAFETERA

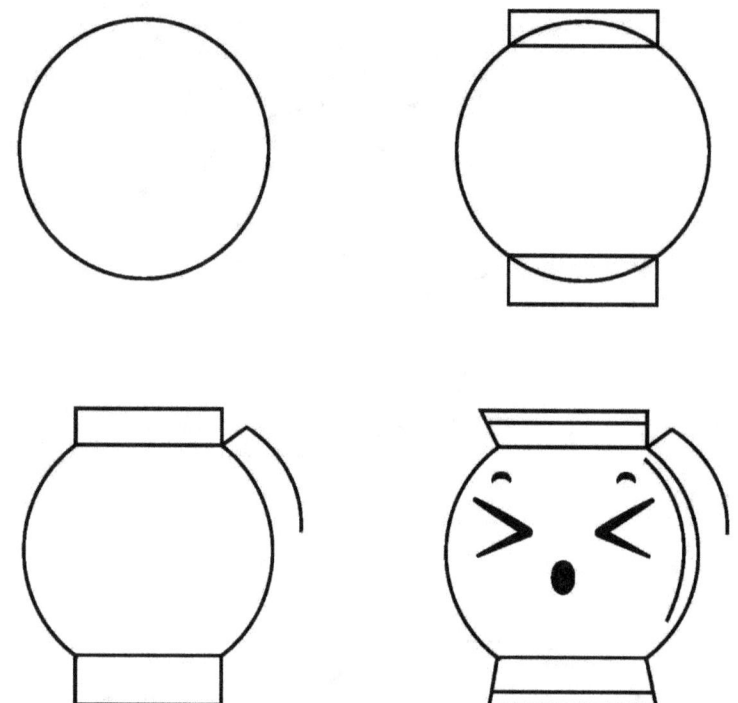

7. MICROONDAS

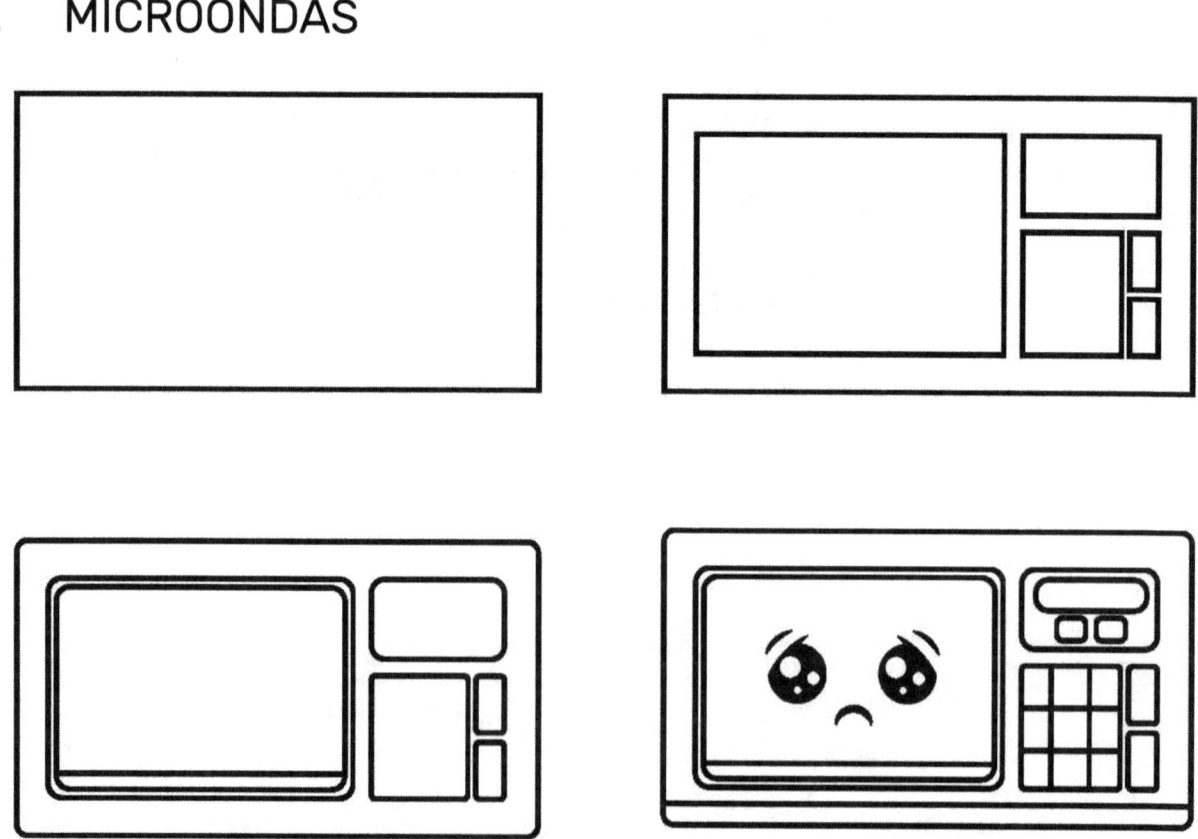

8. TOSTADORA DE PAN

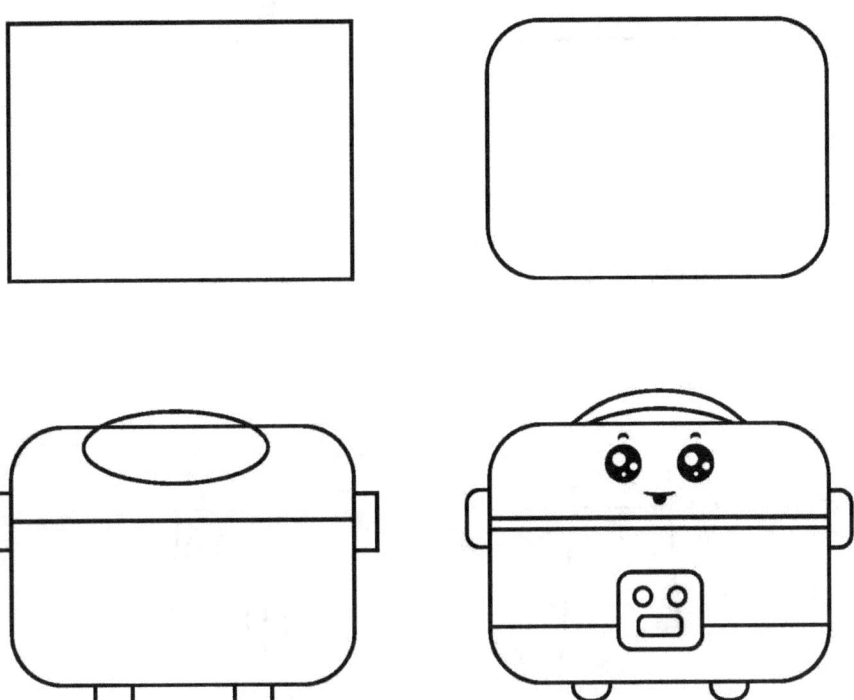

9. ARROCERA

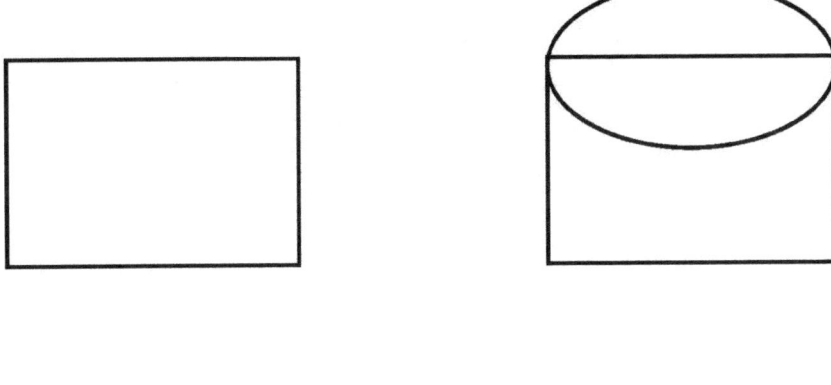

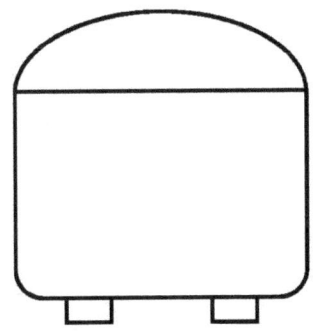 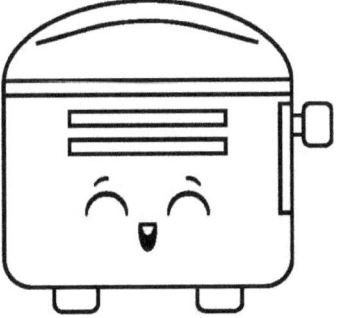

10. SHAKERS

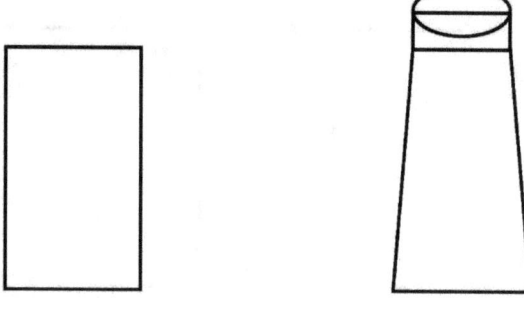

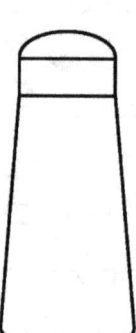 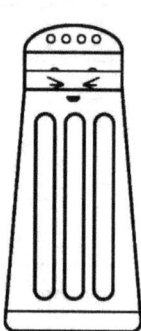

OBJETOS KAWAII
COSAS DEL BAÑO

1. PATITO DE GOMA

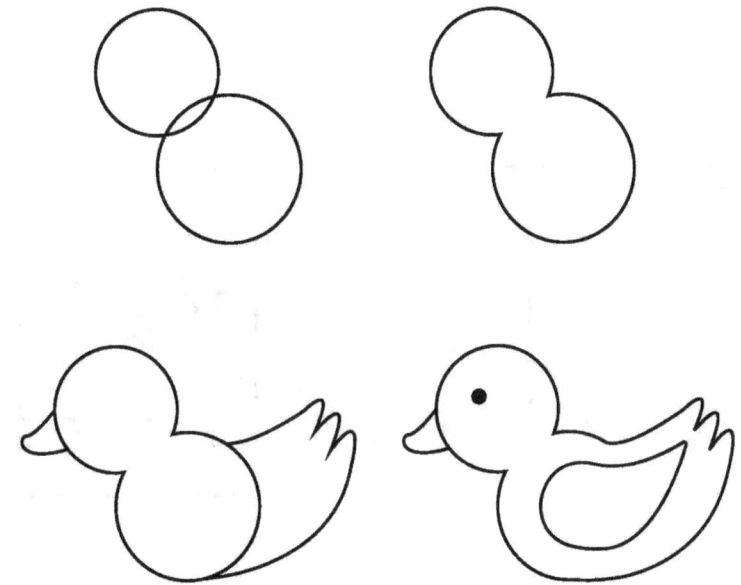

2. CHAMPÚ

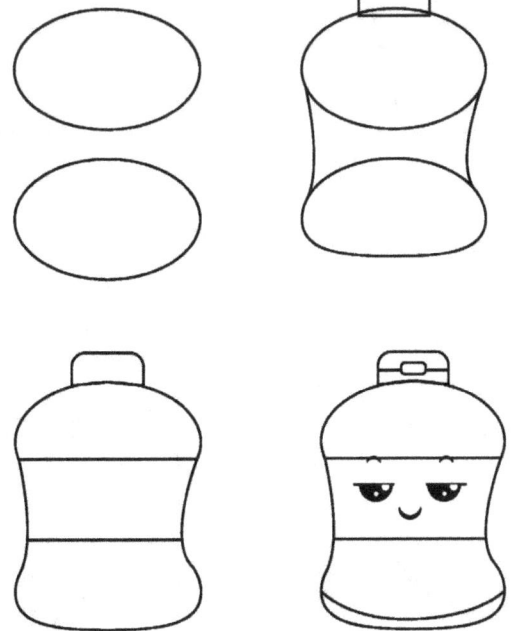

3. TOALLERO

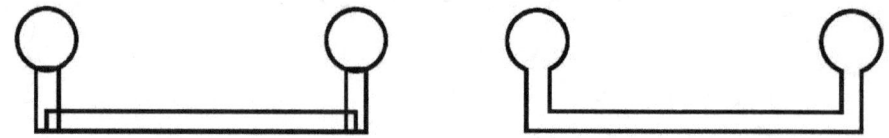

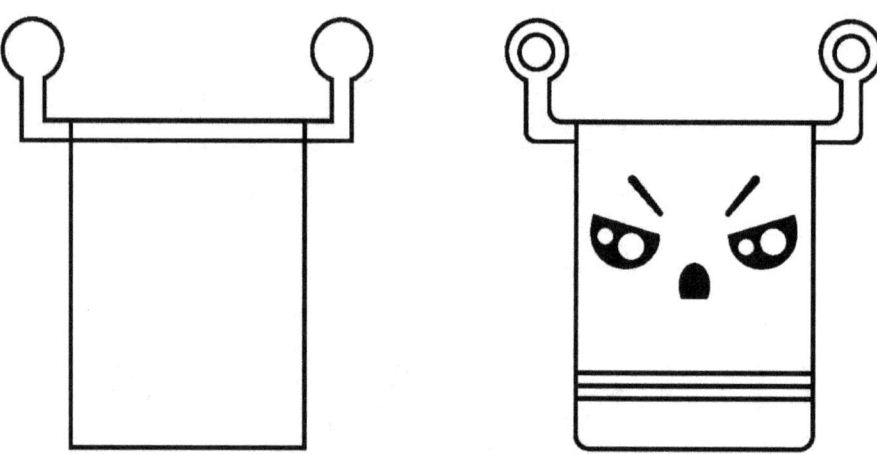

4. BAÑERA

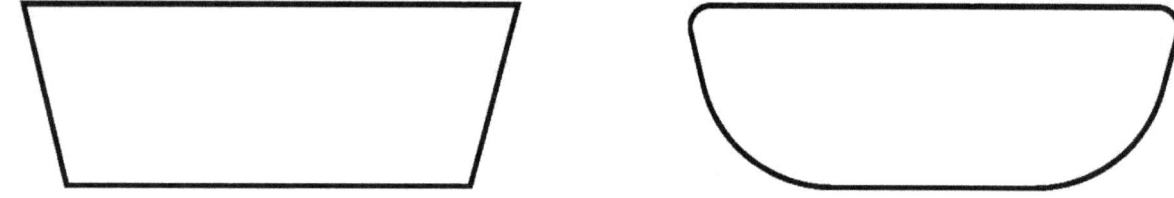

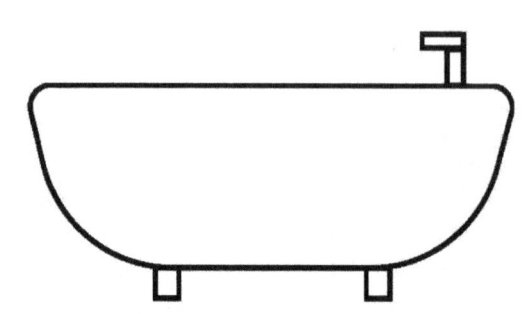
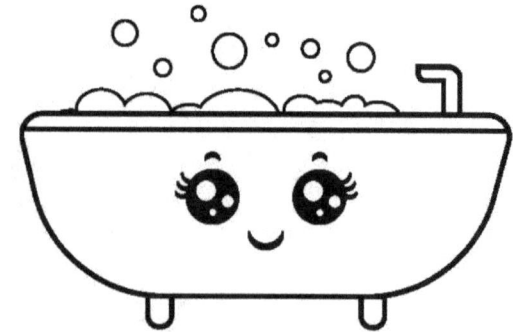

5. CEPILLO DE DIENTES

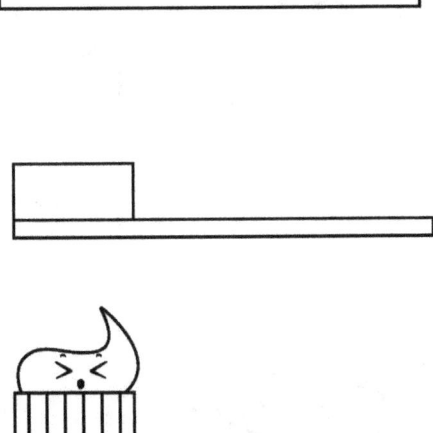

6. PASTA DE DIENTES

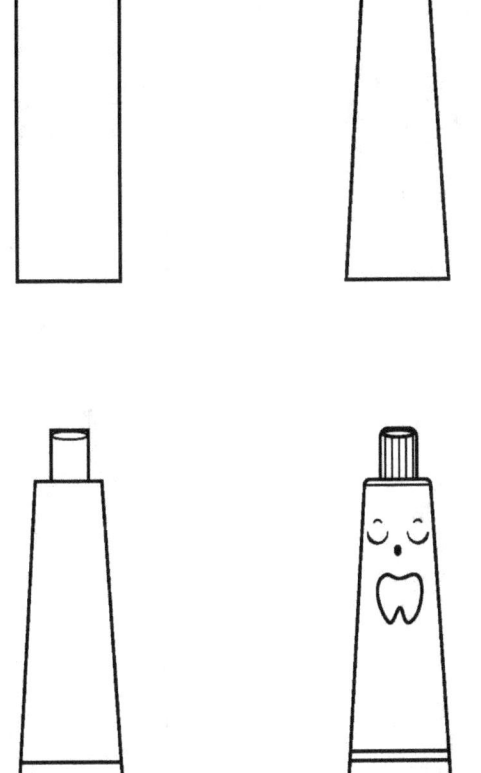

7. PAPEL HIGIÉNICO

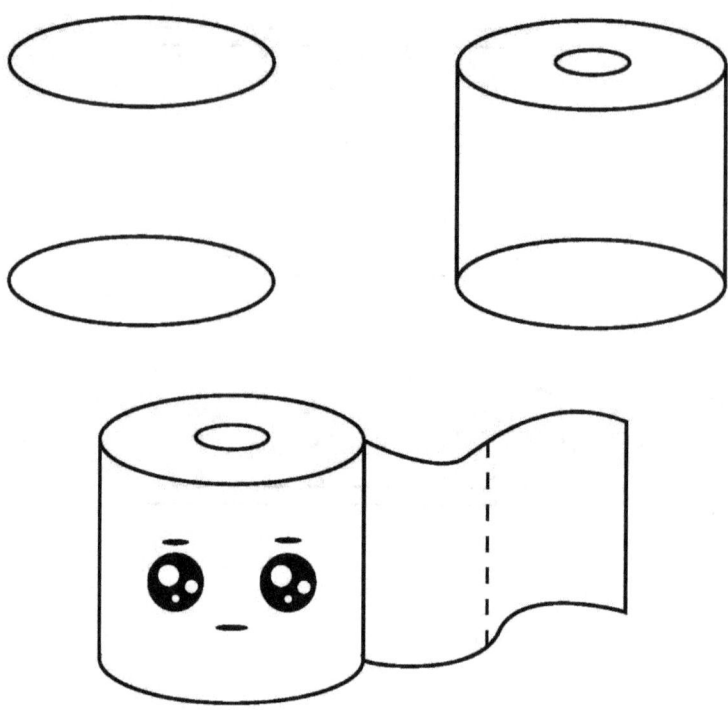

8. GEL DE BAÑO

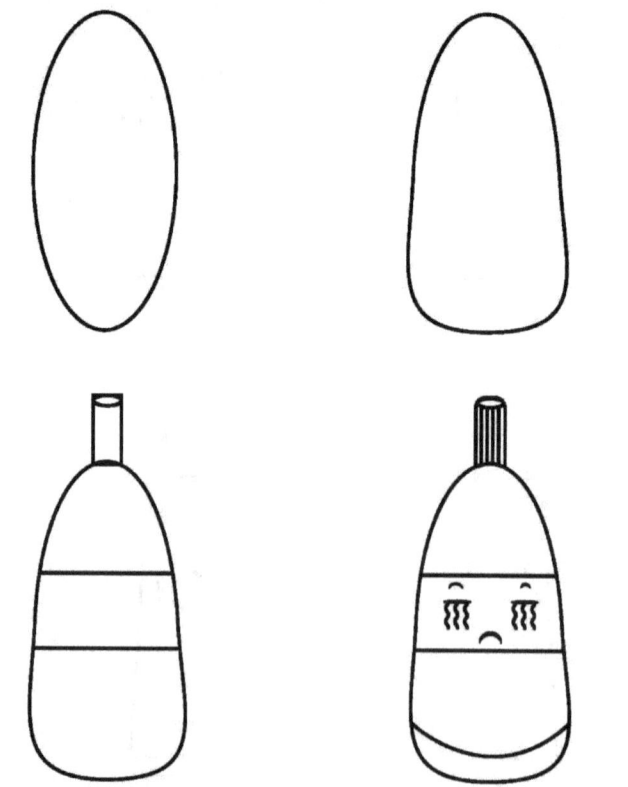

9. CEPILLO DE DUCHA

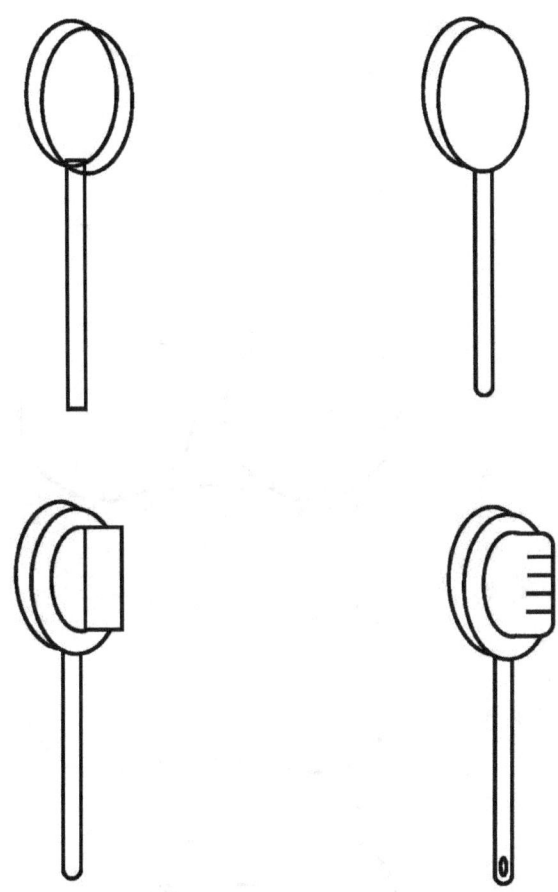

10. BARRA DE JABÓN

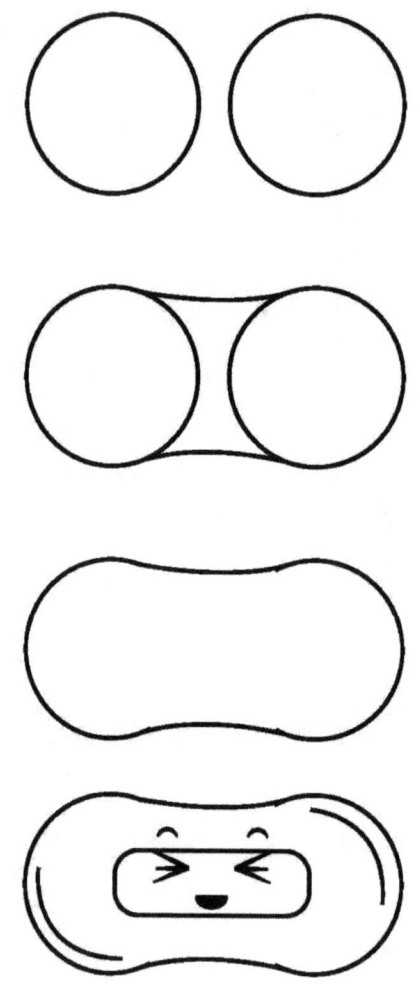

OBJETOS KAWAII
ARTÍCULOS DE LIMPIEZA

1. LAVADORA

 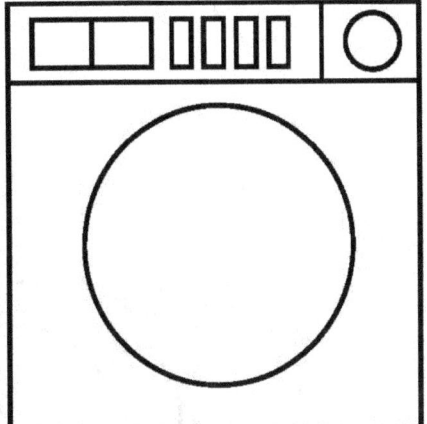

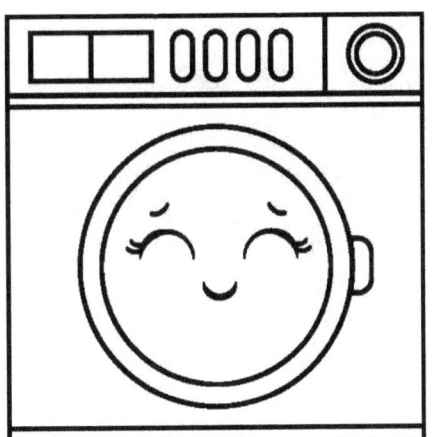

2. ASPIRADORA

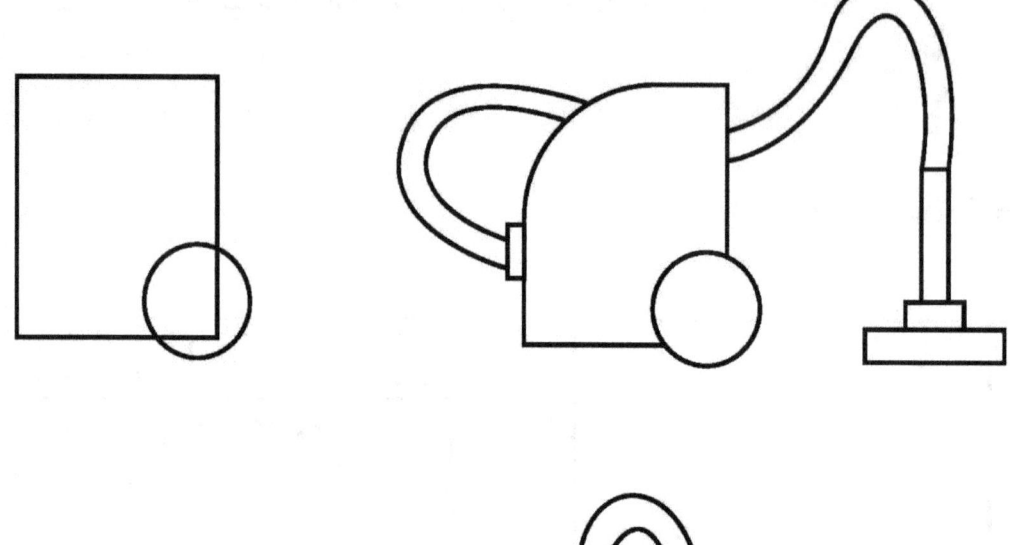

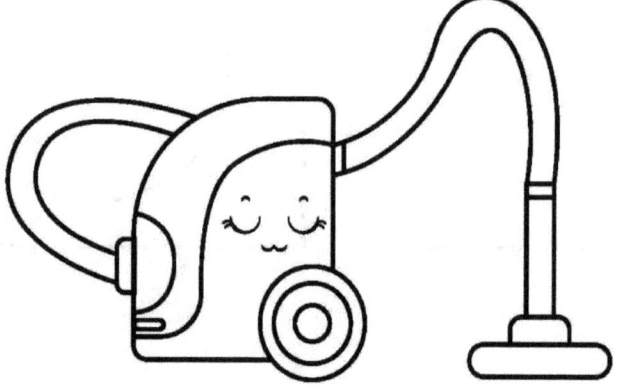

3. ESCOBA

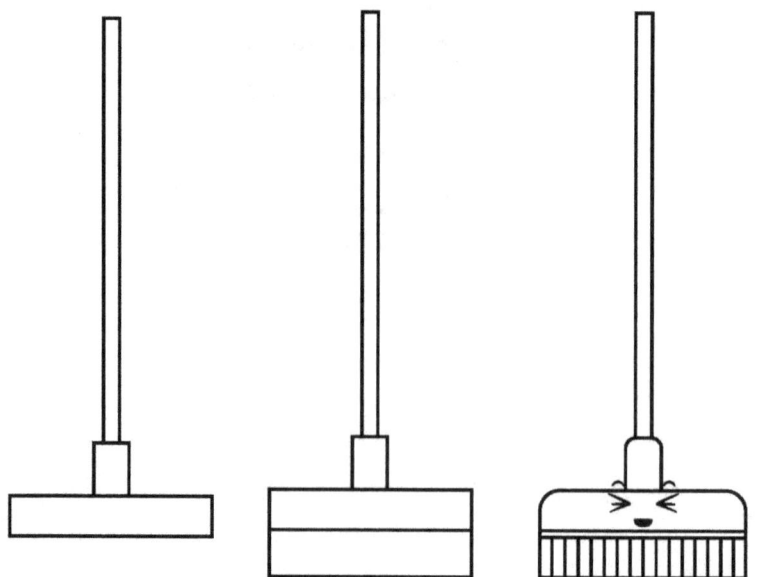

4. PLANCHA

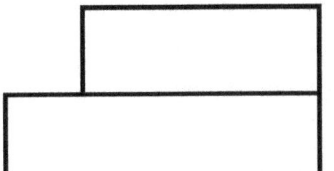
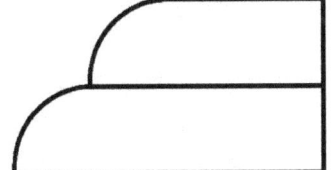
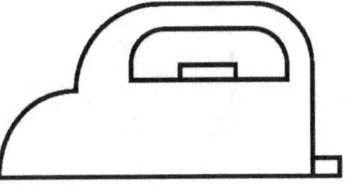
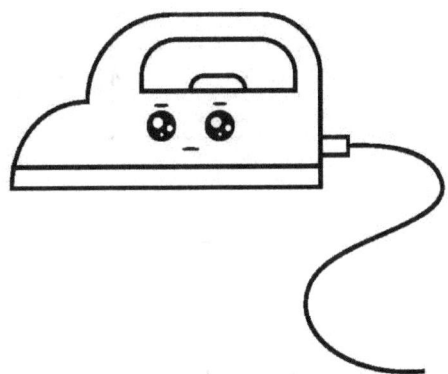

5. ROCIADOR DE AGUA

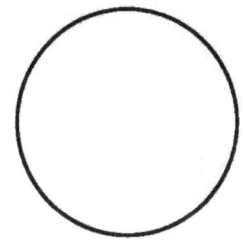
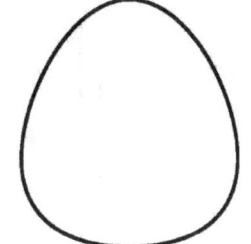
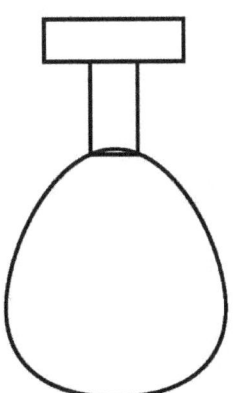
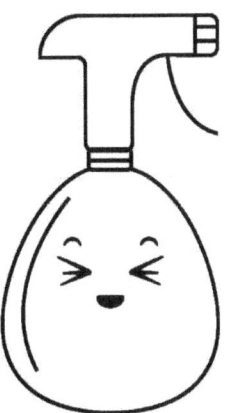

6. DESTAPA CAÑERÍAS

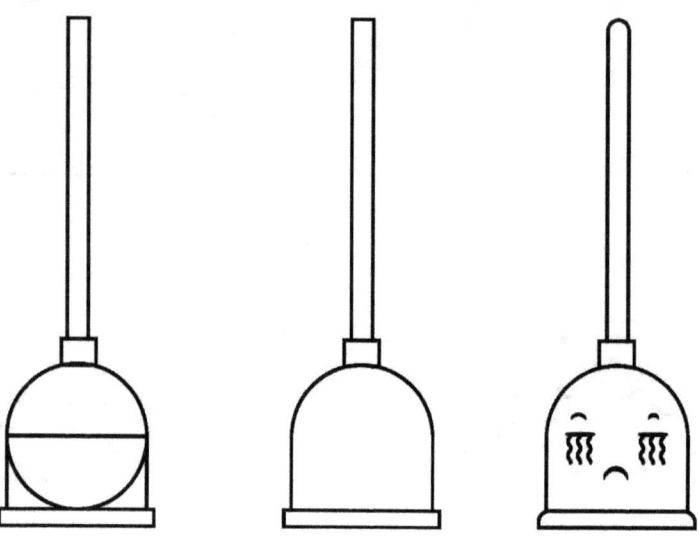

7. LIMPIA PISOS

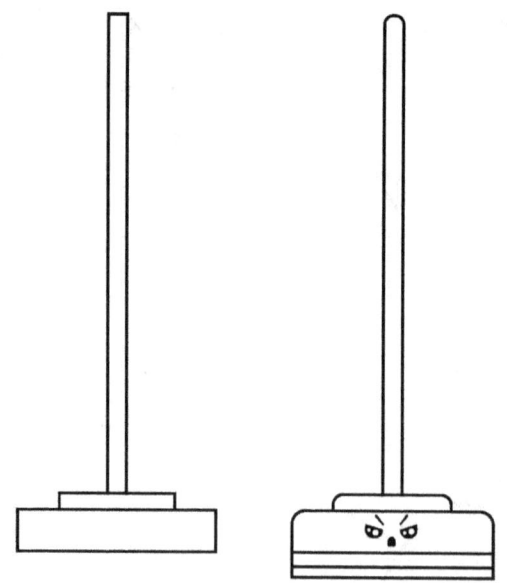

8. TABLA DE PLANCHAR

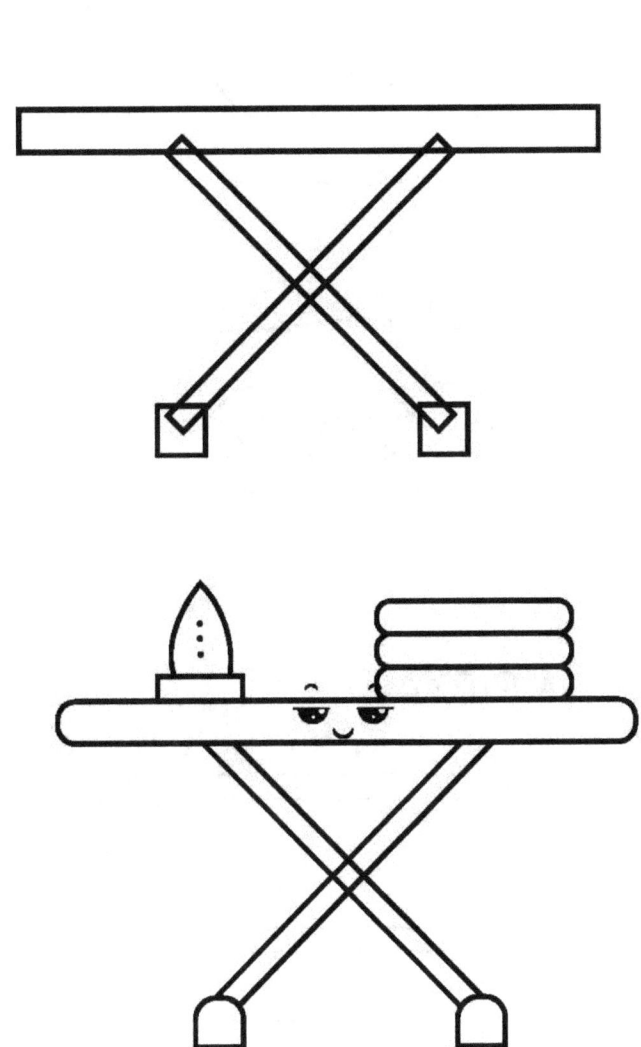

9. ESPONJA

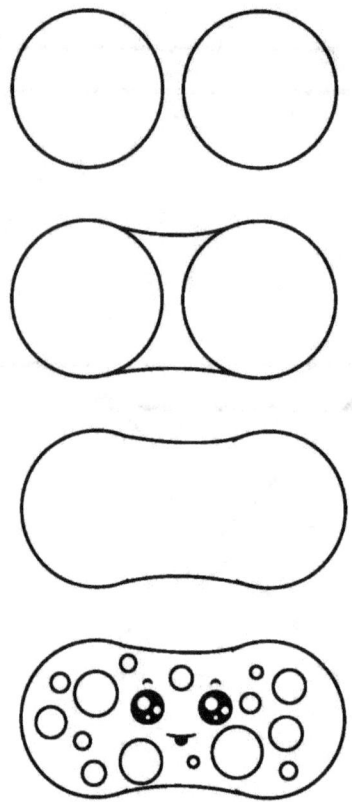

10. CEPILLO DE LIMPIEZA

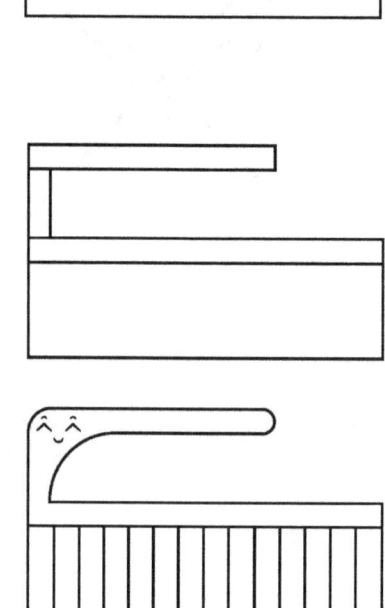

OBJETOS KAWAII
ARTÍCULOS DE LA PLAYA

1. PELOTA DE PLAYA

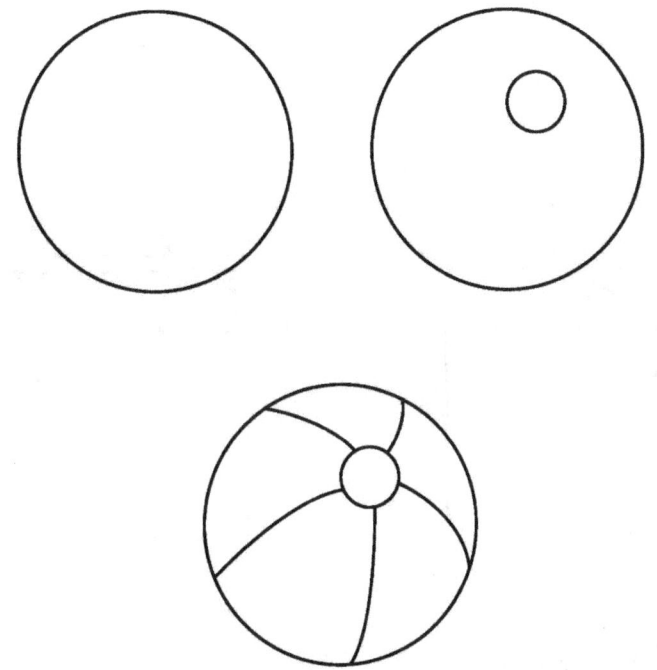

2. FLOTADOR

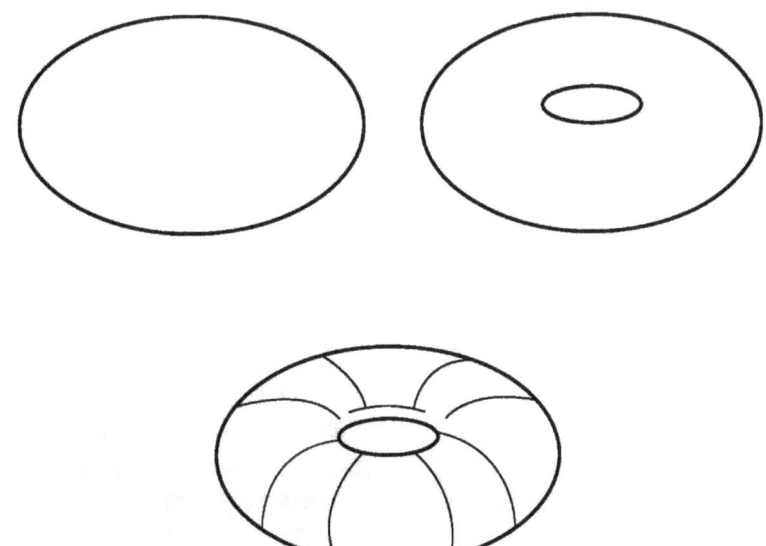

3. CUBO DE JUGUETE

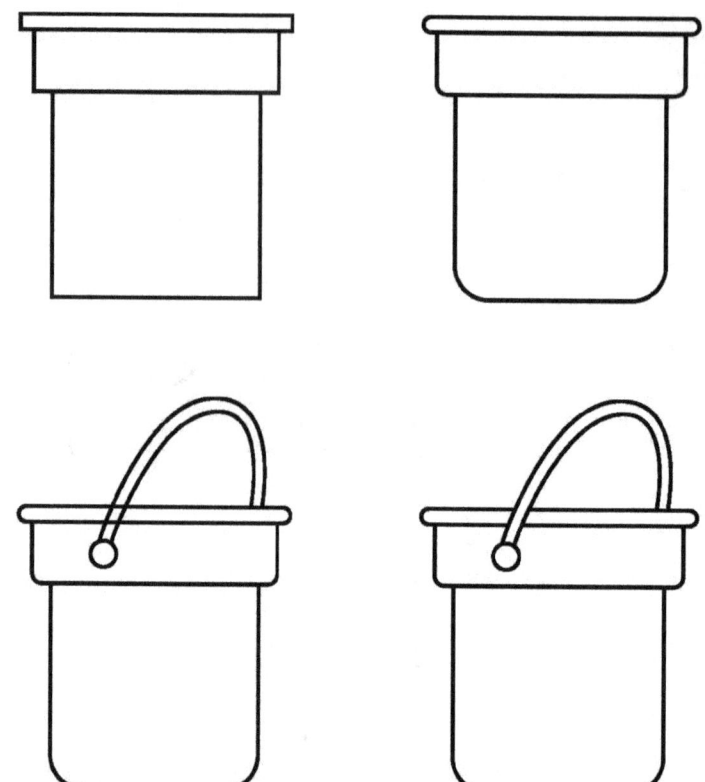

4. BOLSA DE PLAYA

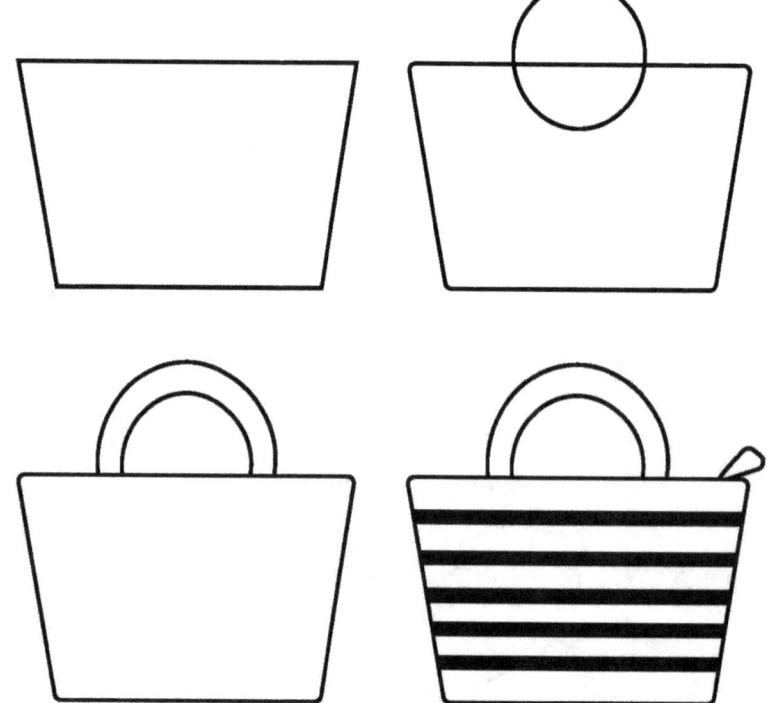

5. GAFAS DE SNORKEL

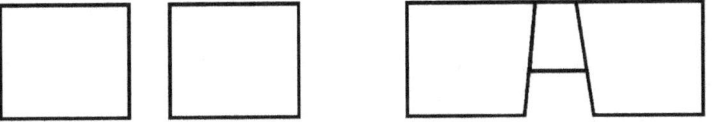

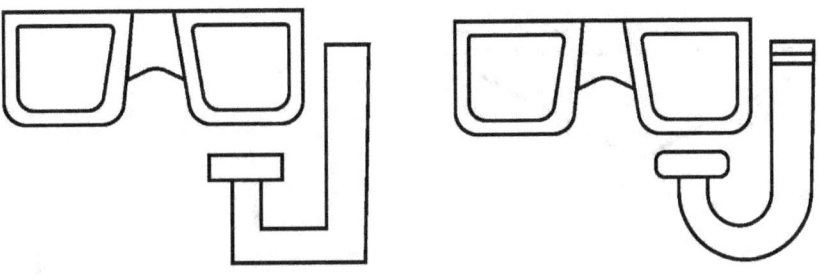

6. PROTECTOR SOLAR

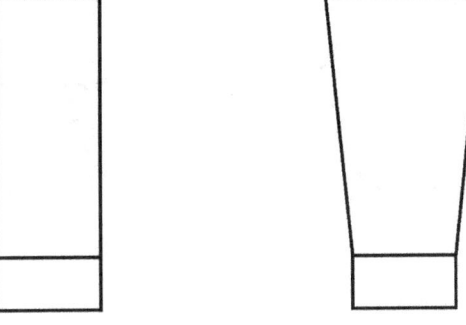

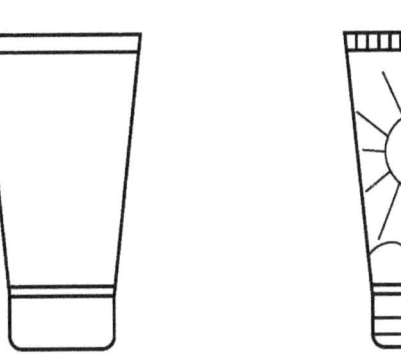

7. TRAJE DE BAÑO

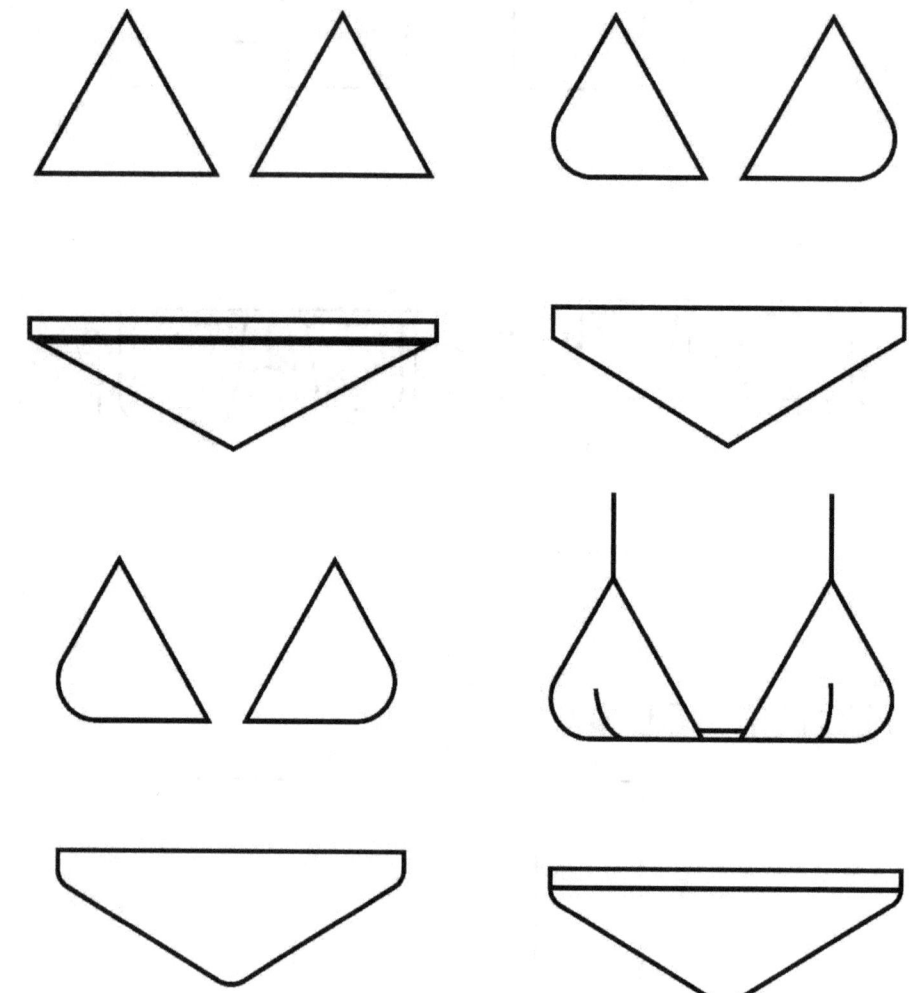

118

8. CHANCLAS

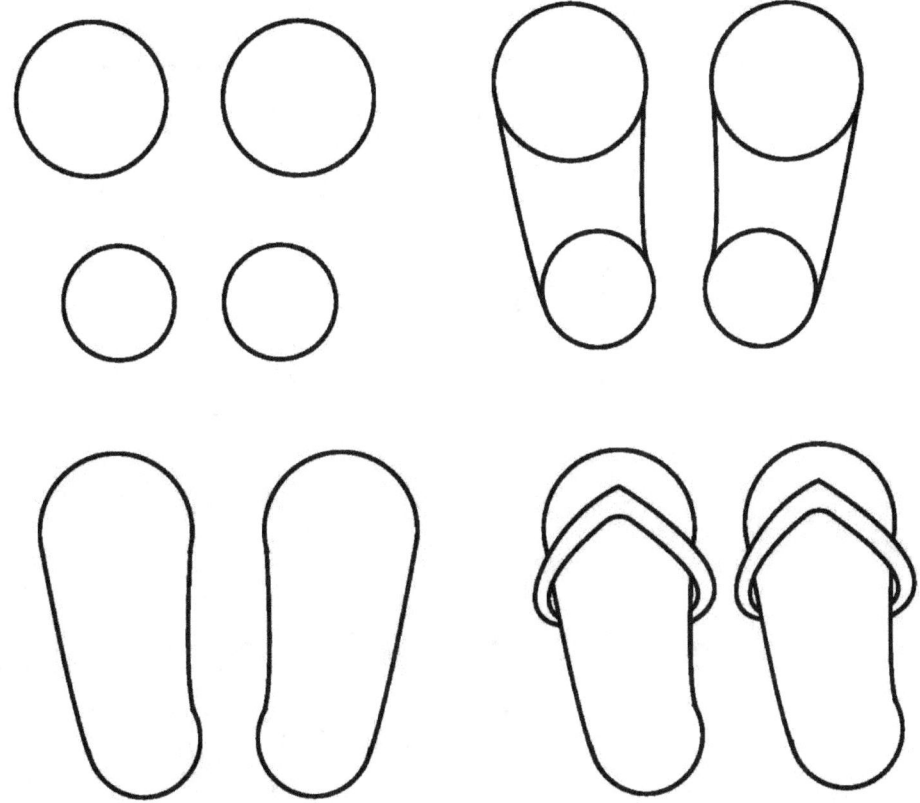

9. SOMBRERO PARA EL SOL

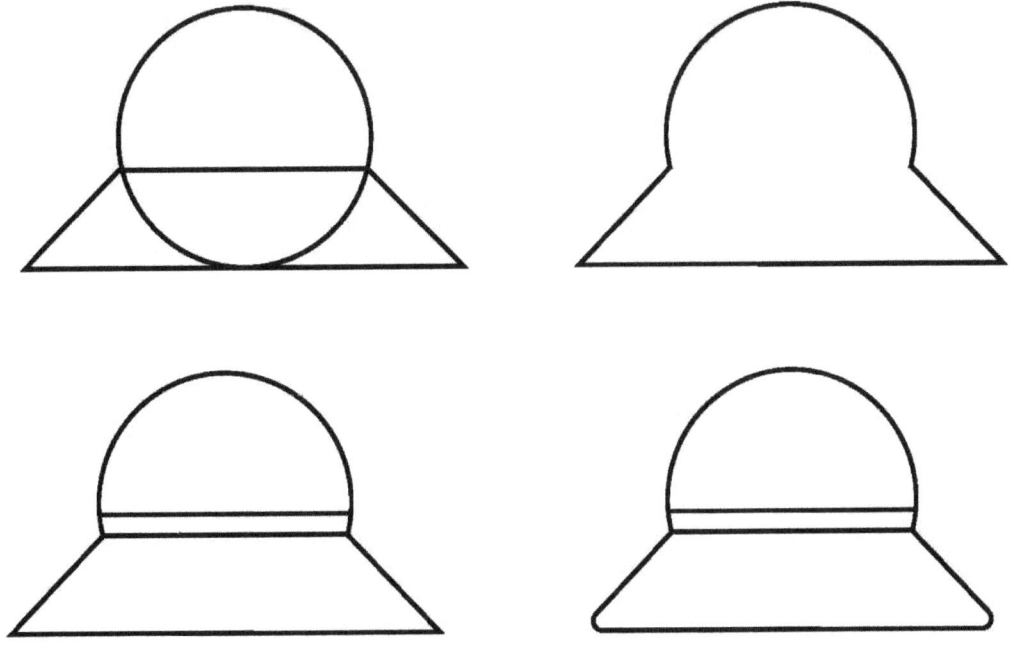

10. CHAPALETAS

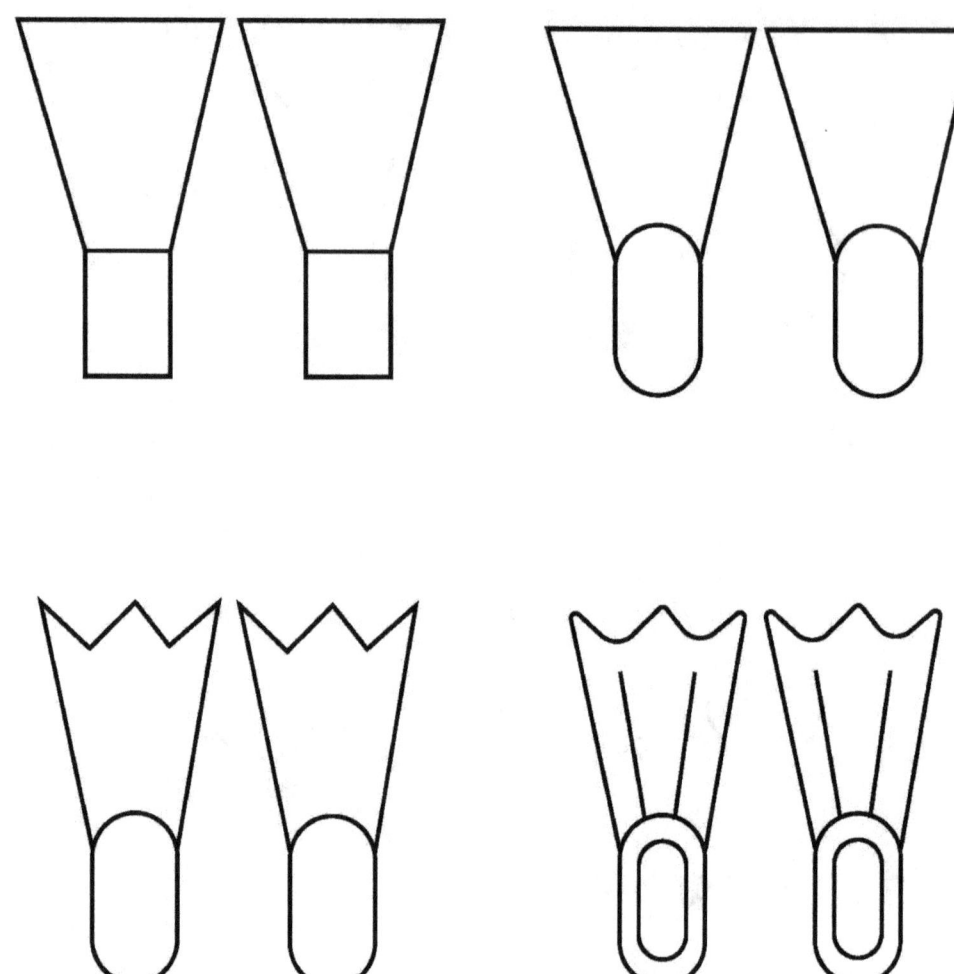

OBJETOS KAWAII
FITNESS Y DEPORTE

1. PESAS

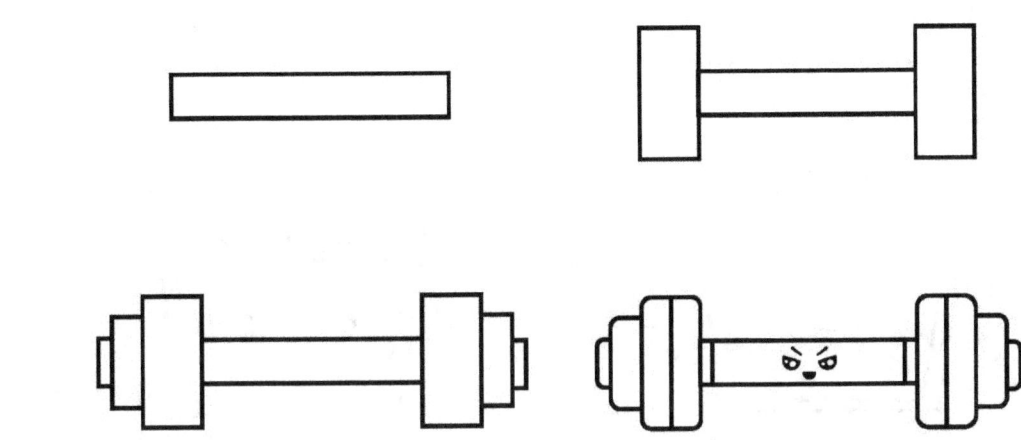

2. PESAS RUSAS

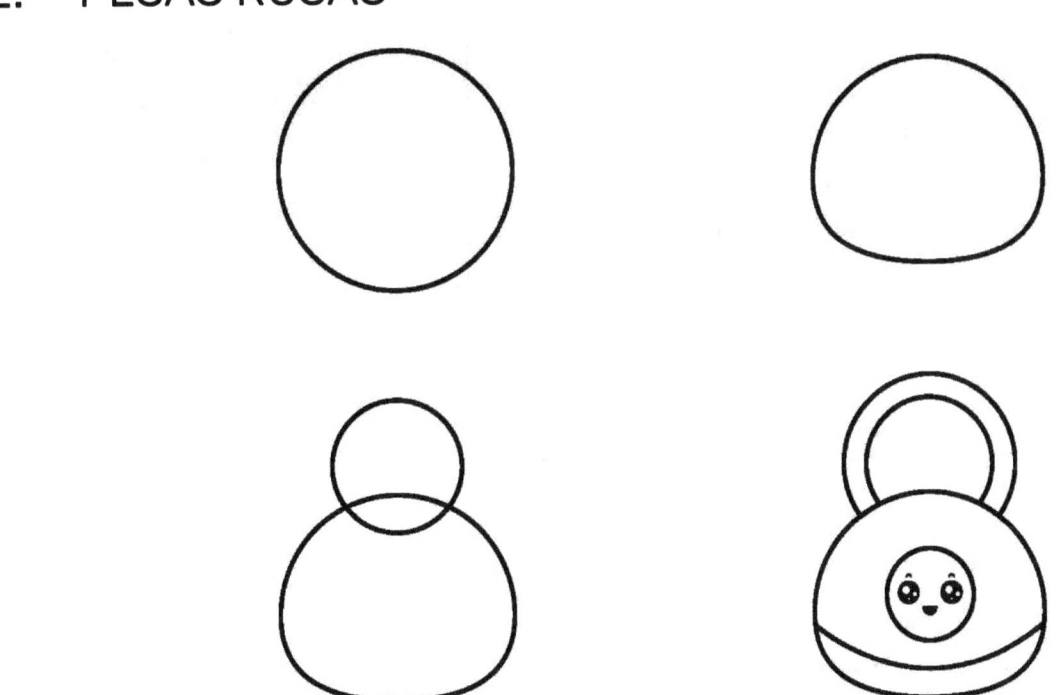

3. BALANZA

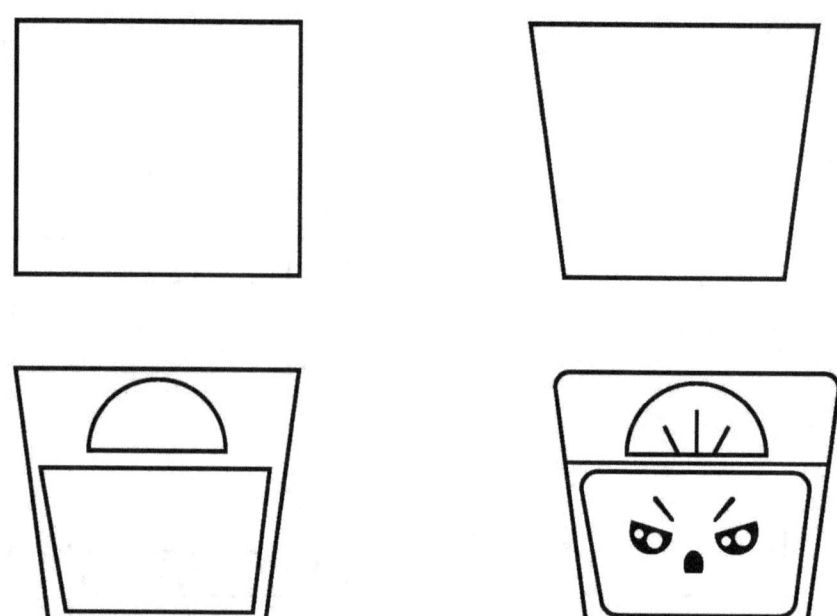

4. GUANTES DE BOXEO

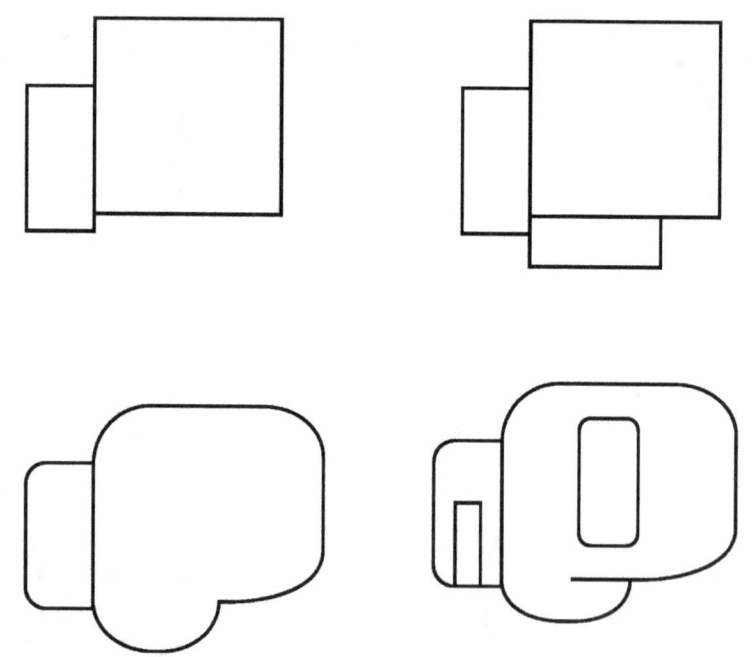

5. RELOJ FITNESS

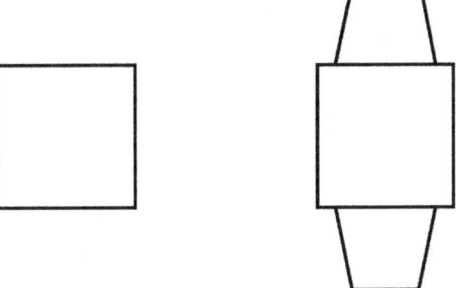

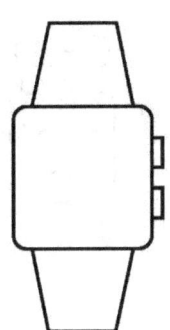 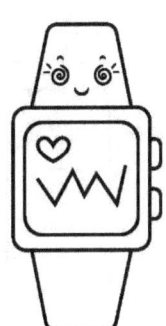

6. CASCO DE FÚTBOL

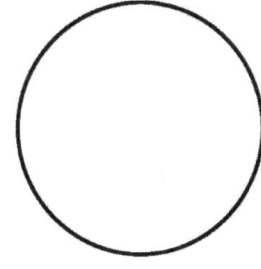 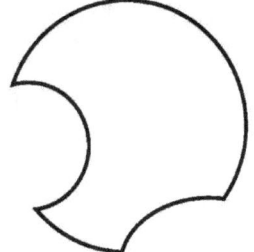

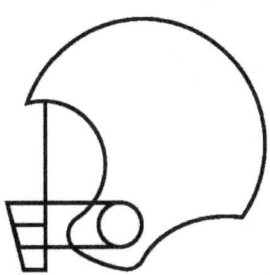 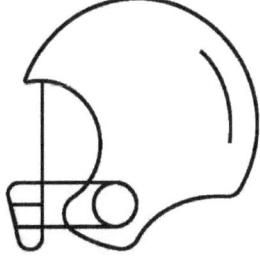

7. BEBIDA ENERGÉTICA

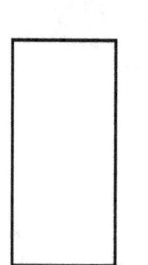 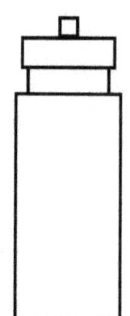

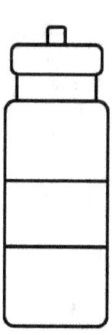 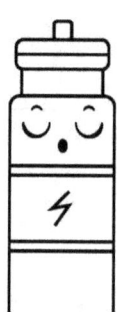

8. PIN DE BOLOS

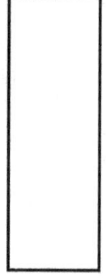 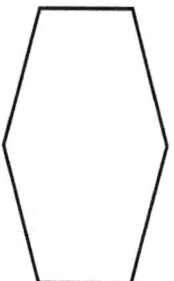

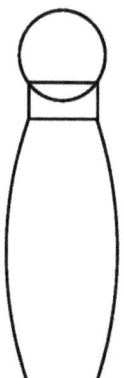 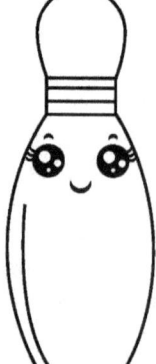

9. BATE DE BÉISBOL

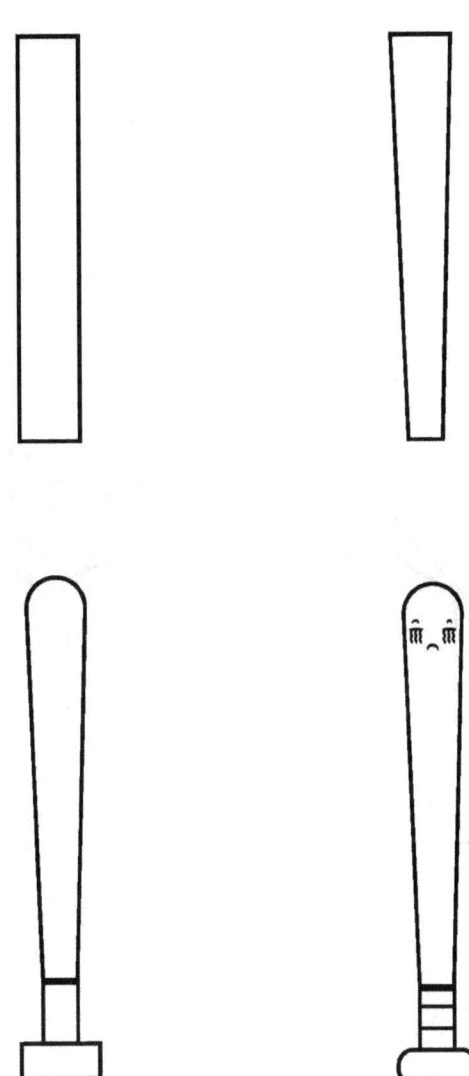

10. RAQUETA

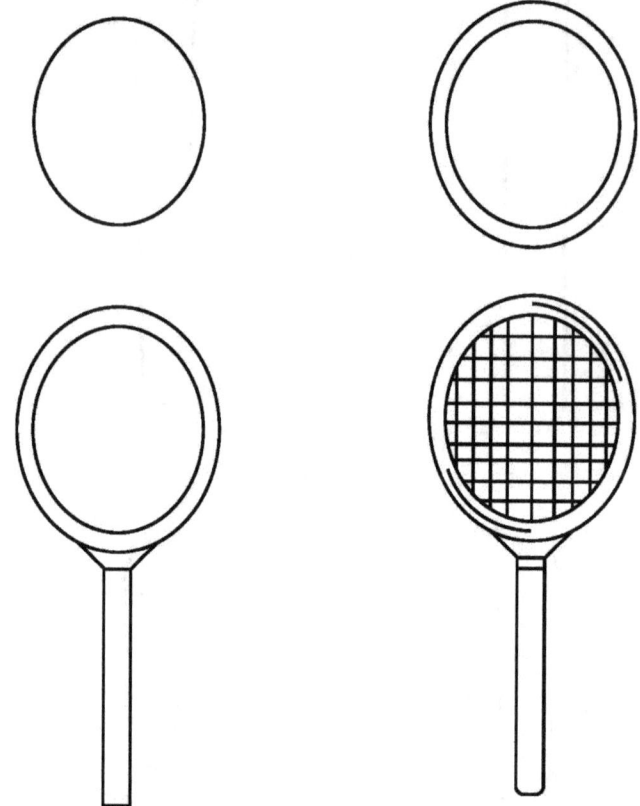

OBJETOS KAWAII
COSAS DE VIAJE

1. VALIJA

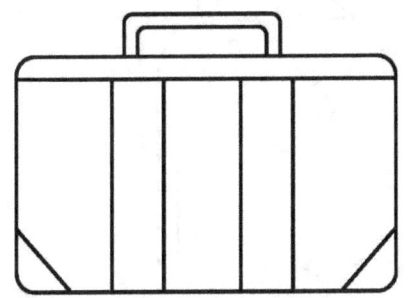
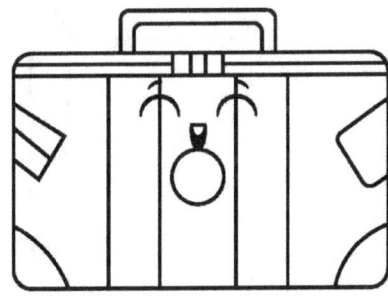

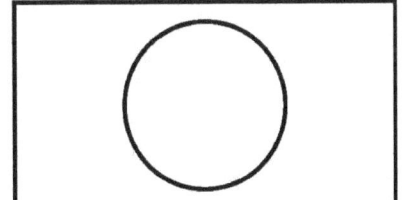

2. CÁMARA

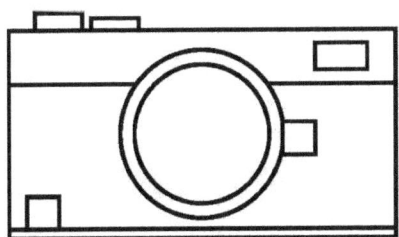
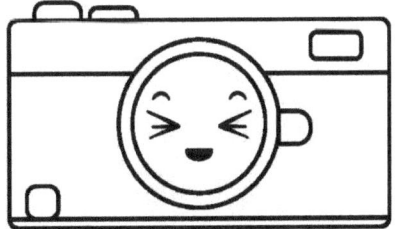

3. EQUIPAJE

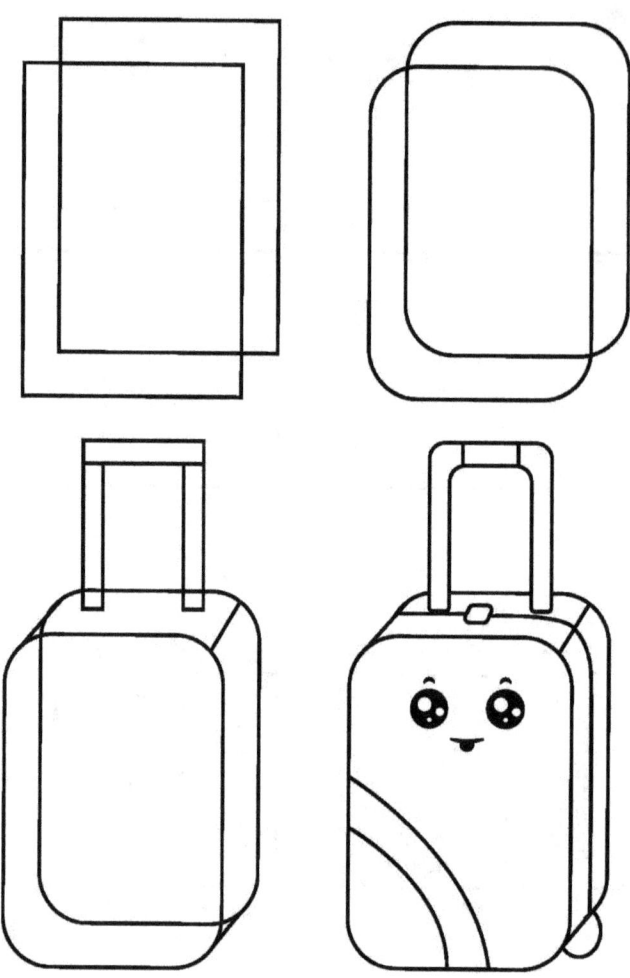

4. DIARIO DE VIAJE

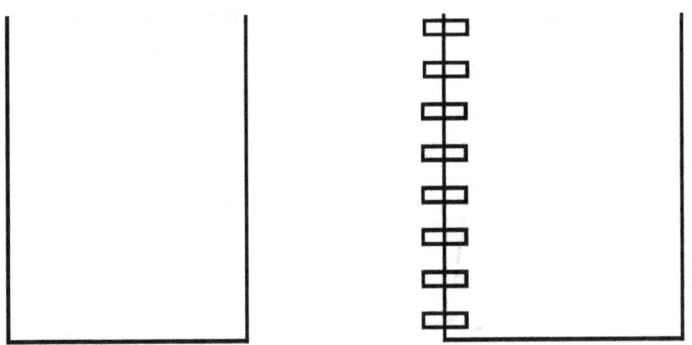
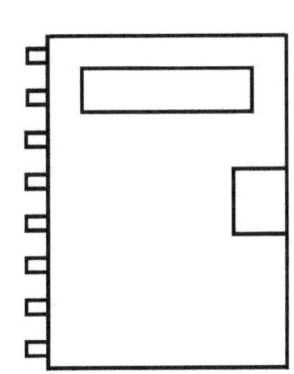
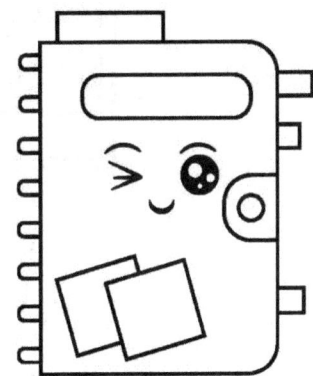

5. ANTIFAZ PARA DORMIR

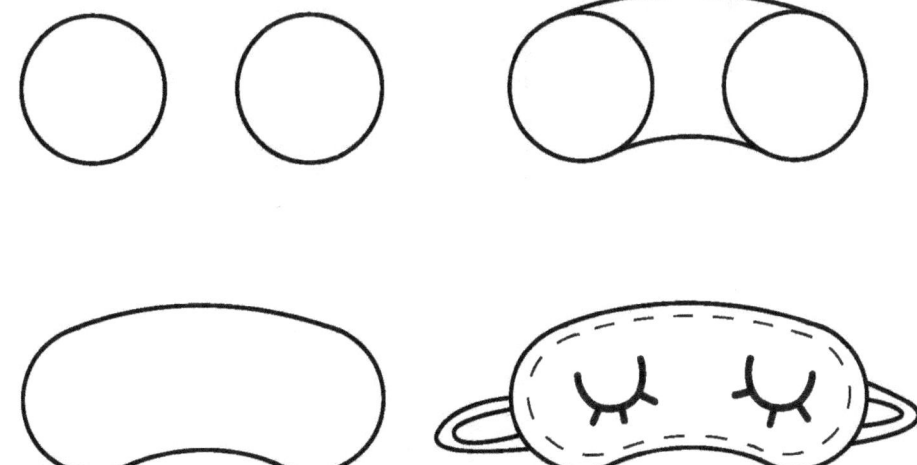

6. POSTAL

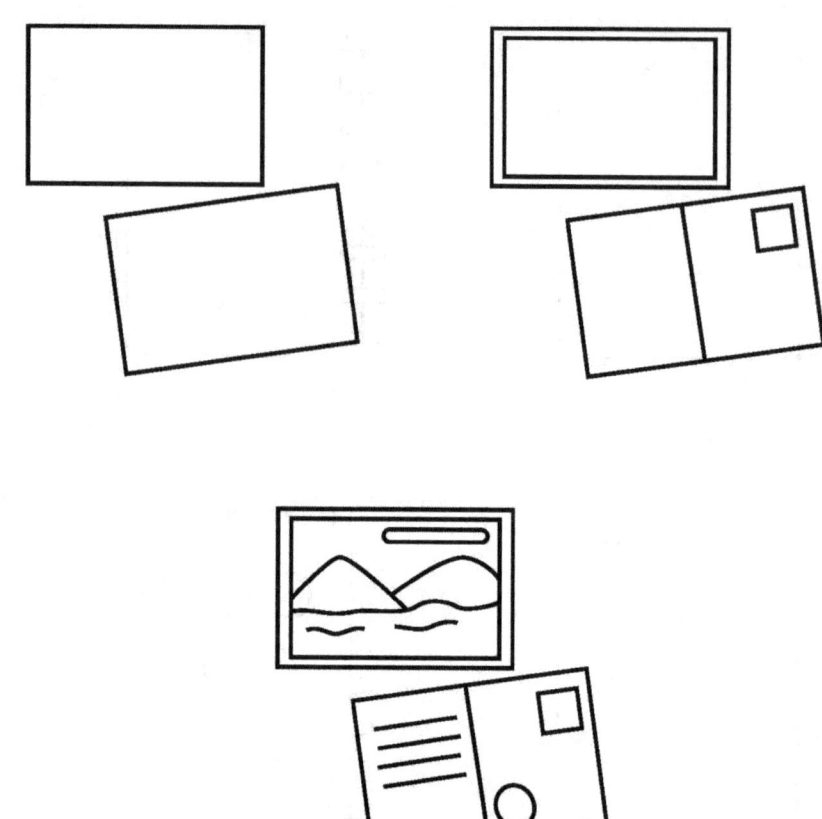

7. PASAPORTE

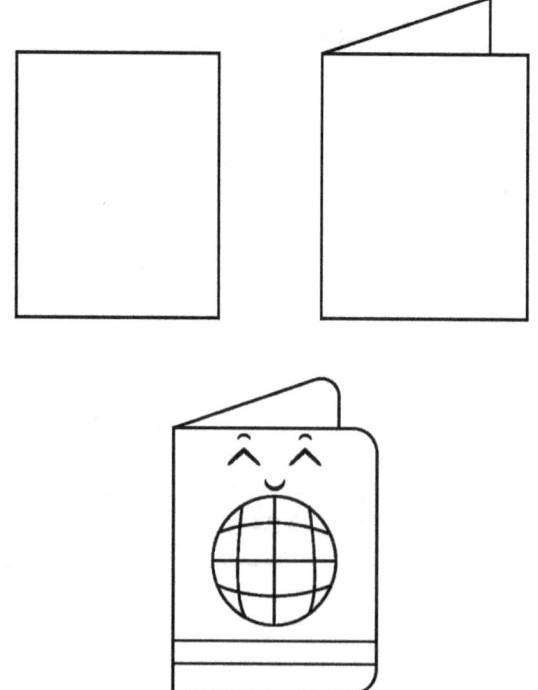

8. MAPA

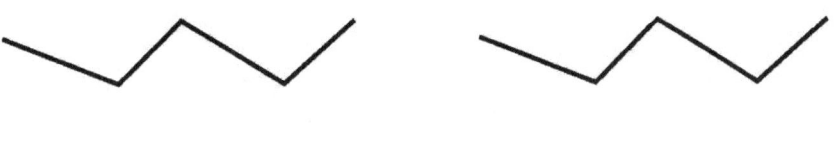

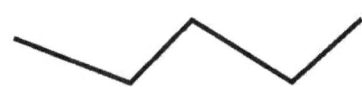

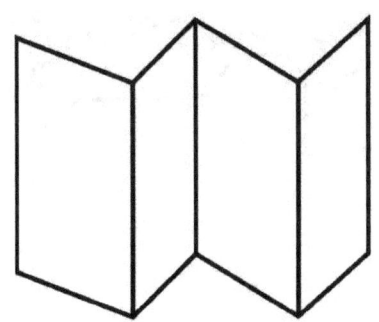
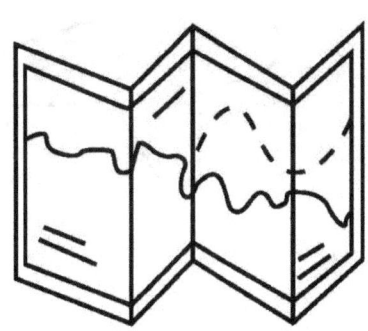

9. BRÚJULA

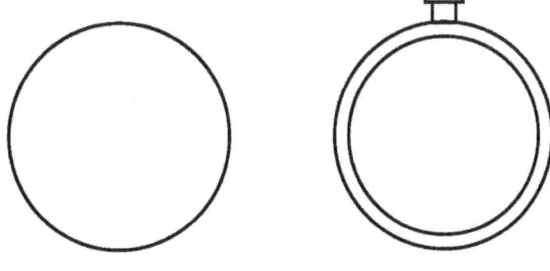

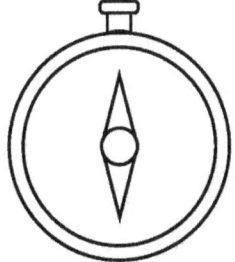

10. AVIÓN

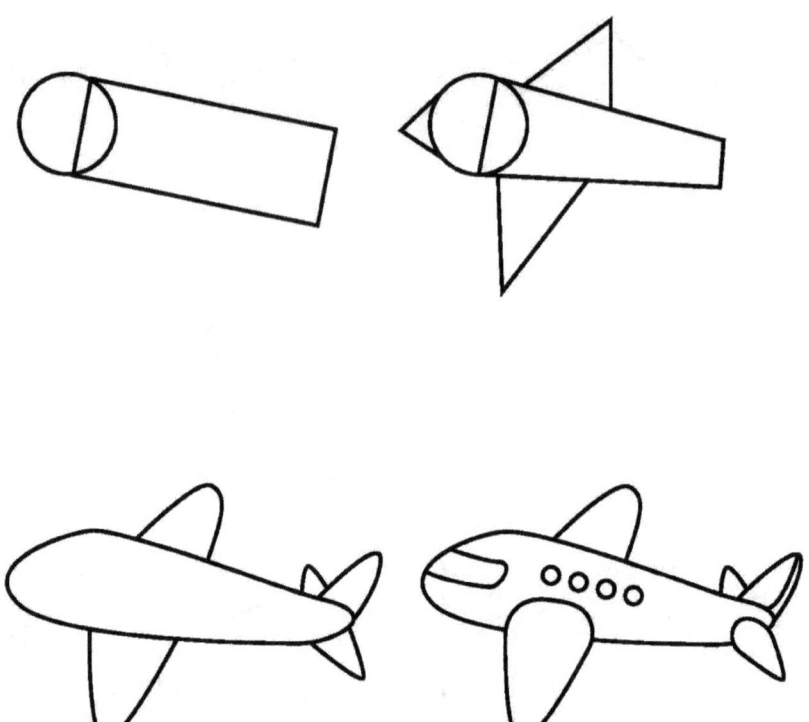

ÚLTIMAS PALABRAS

Ahora que hemos repasado los tutoriales para dibujar kawaii, ¡es tu turno dibujarlos!

Recuerda las reglas básicas en el dibujo kawaii: las líneas son gruesas y redondas, los detalles son muy simples y, por último, agregar caras tiernas y diseños como corazones, estrellas y líneas lo hará instantáneamente mucho más lindo.

¡Puedes agregar estos dibujos kawaii a tus notas para animar tus lecciones o usarlos para hacer una linda tarjeta de cumpleaños para tus amigos!

¡Dale más vida agregando lindos colores pastel para aumentar la ternura!

¡La práctica hace al maestro! ¡Ahora continúa y dibuja los animales y los Chibis más lindos!

¡Mantente kawaii!

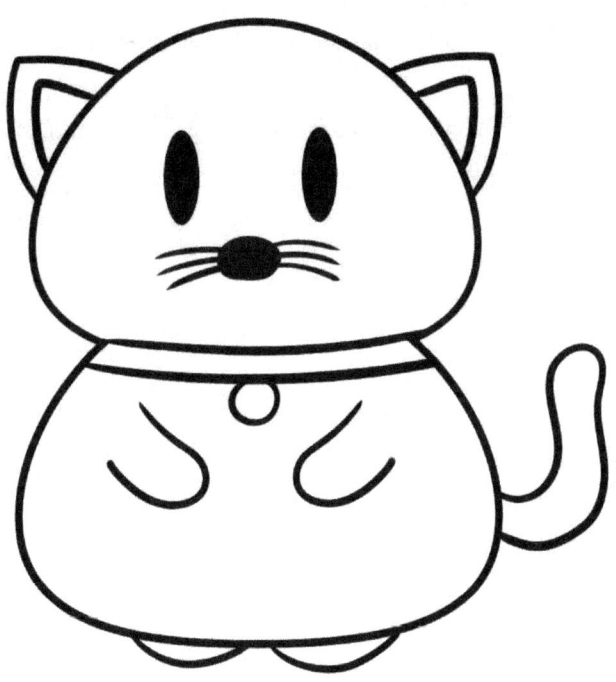

¡Gracias por adquirir nuestro libro!

Si te gusta usarlo y lo encuentras útil en tu viaje de aprender a dibujar, agradeceríamos mucho tu opinión en Amazon.

Simplemente dirígete a la página de Amazon de este libro y haz clic en "Escribir una reseña de cliente".

Leemos todas y cada uno de ellas. ¡Gracias!

www.ingramcontent.com/pod-product-compliance
Lightning Source LLC
Chambersburg PA
CBHW060417220526
45465CB00008B/2917